김구가 들려주는
백범일지

작가와 작품이 공존하는 세상

이 책을 읽는 어린이들은 우리의 역사를 살아온 위대한 문인들의
삶과 작품을 동시에 만날 수 있습니다. 작가의 입장에서 듣는 작품을 통해
'아, 이래서 이런 작품이 나온 것이구나!' 하고 저절로 공감하게 될 것입니다.
아이들이 이 고전 시리즈를 통해 항시 나라를 위해 고민했던 조상들의 숭고한 정신에
깊이 공감하며 어디에 내놓아도 자랑스러울 우리 문학에 친숙함을 느낄 수 있었으면 좋겠습니다.

글 | 이경순
그림 | 송준일
펴낸이 | 이재은
펴낸곳 | 세상모든책
기획·편집 | 윤희선, 노주영, 윤남희, 한나래
디자인 | 전계숙, 강찬숙
마케팅 | 이주은, 이은경
주소 | 서울시 광진구 자양동 680-77 모던빌딩 2층
전화 | 02-446-0561
팩스 | 02-446-0569
E-mail | everybk@hanmail.net
출판등록 | 1997.11.18. 제10-1151호
초판 2쇄 발행 | 2013년 9월 17일

Text Copyright ⓒ 2007 이경순
이 책에 실린 글과 그림을 무단으로 복사, 복제, 배포하는 것은 저작권자의 권리를 침해하는 것입니다.
ISBN 978-89-5560-201-2 (73800)

*잘못 만들어진 책은 바꾸어 드립니다.

김구가 들려주는
백범일지

글 | 이경순 그림 | 송준일

세상모든책

프롤로그

> 네 소원이 무엇이냐 하고 하느님이 물으시면, 나는 서슴지 않고 '내 소원은 대한 독립이오.' 하고 대답할 것이다. 그다음 소원은 무엇이냐 하면, 나는 또 '우리나라의 독립이오.' 할 것이요, 또 그다음 소원이 무엇이냐 하는 셋째 번 물음에도 나는 더욱 소리를 높여서 '나의 소원은 우리나라 대한의 완전한 자주독립이오.' 하고 대답할 것이다.

너무나 유명한 이 말은 김구 선생님의 〈나의 소원〉 중 '민족 국가' 편에 실린 글입니다. 이 글만 봐도 그분이 우리나라의 자주독립을 얼마나 간절히 바라셨는지 짐작할 수 있겠지요.

27년간이나 이국땅을 떠돌며 조국 독립을 이끌어 오셨던 분, 우리 국민들에게 '민족의 지도자'로 불리는 분. 그 때문에 그분은 보통 사람과는 거리가 멀어 보입니다. 그런데 〈백범일지〉를 읽노라면 그분 역시 우리와 다를 바 없는 아주 평범한 분이었음을 깨닫게 됩니다. 단지 마음 좋은 사람이 되고자, 의로운 분들을 닮고자, 끊임없이 스스로를 채찍질하며 노력한 결과, 모든 사람들이 우러러보는 인물이 되었다는 것입니다. 그래서 더 감동스럽고, 그분을 통해 힘과 용기를 얻게 됩니다.

〈백범일지〉는 원래 두 권으로 되어 있습니다. 상권은 53세 때, 언제 죽음과 맞닥뜨릴지 모를 위험 속에서 어린 '인'과 '신' 두 아들에게 아버지가 살아온 내력을 알려 주고자 상해의 임시 정부 청사에서 유서처럼 쓴 글입니다. 하권은 중경 화평로의 임시 정부 청사에서 67세 때 쓴 것으로, 50년 동안 나라를 위해 분투한 사적을 기록한 것입니다. 그것을 본보기 삼아 다시는 같은 실수를 하지 말라는 뜻에서 말입니다.

저는 많은 분량의 〈백범일지〉 두 권 중에서 김구 선생님의 인간적인 면을 엿볼 수 있는 부분과 역사적으로 중요하다고 여겨지는 부분을 중심으로 엮었습니다. 그리고 이 책은 '생의 전반기 - 백범일지 - 생의 후반기' 순으로 구성되어 있으나, 생의 후반기 중 일부를 빼고는 모두가 〈백범일지〉에 속한다는 것을 밝혀 둡니다.

마지막으로 제가 김구 선생님을 알아가면서 느낀 그 기쁨을 이 책을 읽는 여러분들도 함께 느낄 수 있기를 희망해 봅니다. 그래서 그분을 거울삼아 좀 더 단단하고 강인한 사람, 줏대 있는 한국인으로 자라나는 데 이 책이 한몫할 수 있기를 고대해 봅니다.

이경순

 **차 례**

생의 전반기

1. 국모의 원수를 갚은 용감한 청년 14
2. 해주 텃골의 개구쟁이 27
3. 과거를 보다 33
4. 동학의 접주 40
5. 소중한 만남 47
6. 의병에 가담하다 53

백범일지

7. 치하포 사건으로 감옥에 가다 61
8. 사형수, 고종 특사로 살아나다 71
9. 탈옥 77
10. 마곡사의 승려가 되다 84
11. 백범을 지도자로 만들려는 사람들 93
12. 아! 그리운 아버지 99

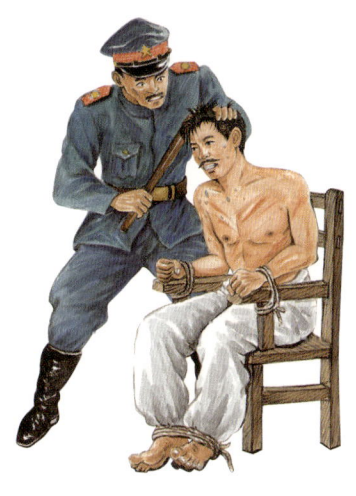

13. 교육자의 길 그리고 결혼 106

14. 세 번째 투옥 111

15. 드디어 백범이 되다 122

16. 출옥과 상해로의 망명 127

17. 임시 정부 국무령이 되다 132

18. '일본 영감' 이봉창 138

19. 윤봉길과의 만남 145

20. 한국당과 정당 통일을 위한 노력 151

생의 후반기

21. 광복군 창설 158

22. 해방과 귀국 164

23. 아! 스러진 민족혼 174

에필로그 **내가 원하는 우리나라** 182

1. 국모의 원수를 갚은 용감한 청년

    1896년 2월, 조선의 한 청년이 청나라로 향하고 있었습니다. 그때는 나라 안이 몹시 어수선한 때였습니다. 몇 달 전, 일본 공사에 의해 명성 황후가 돌아가셨고, 이어 친일 대신들이 힘을 얻어 단발령을 내렸습니다. 단발령은 긴 머리를 틀어 올려 묶은 상투를 자르라는 것입니다. 그런데 그 당시는 몸은 물론 머리카락 한 올까지도 부모로부터 물려받은 것이면 함부로 다치게 하지 않는 것이 효도의 시작으로 여기던 때였습니다. 그렇기 때문에 일본에 대한 분노로 백성들은 전국에서 의병을 일으켰습니다. 그 청년도 몇몇 동지들과 *산포수를 모아 일본과 맞서려 했으나 뜻대로 되지 않아 청나라로 가던 중이었습니다.
    평양에 도착하니 단발을 한 군사들이 지나가는 사람들을 붙잡아 닥치는 대로 머리를 깎았습니다. 그런데 안주에 이르니 게시판에 단발 정지 명령이 내려져 있었습니다.

산포수(山砲手)   산속에서 사냥하는 일을 직업으로 하는 사람.

"경성 종로에서 사람들에게 단발을 시켰다가 큰 소동이 났다는구 먼. 일본놈들의 집을 때려 부수고 그놈들을 때려죽이고 난리도 아니 랴."

"그 참 잘되었군. 그런데 그 소리 들었나? 삼남 쪽에서 의병들이 벌 떼처럼 일어날 기라던걸."

게시판 앞에서 사람들이 수군거렸습니다. 아무래도 앞으로 나라 안 사정이 많이 달라질 것 같았습니다. 그렇다면 굳이 청나라로 갈 이유 가 없었습니다. 고향으로 돌아가 장차 일이 어찌 되어 가는지 살펴보 기로 마음먹은 청년은 그 길로 발걸음을 되돌렸습니다.

용강군에서 배를 타고 안악군 치하포로 향했습니다. 강 위에 빙산이 떠다녔는데, 청년이 탄 배가 그만 빙산에 갇히고 말았습니다. 배에 탄 사람들은 이제 죽게 되었다고 야단들이었습니다.

"뱃일을 사공에게만 맡길 것이 아니라 우리 모두 나서서 저 빙산을 밀어냅시다. 빙산이 쉽게 밀려나지 않더라도 이런 추위에 몸을 움직 이면 운동도 될 테니 좋지 않겠습니까?"

보다 못해 청년이 소리쳤습니다. 그러자 다들 고개를 끄덕였습니다.

청년은 빙산 위로 뛰어 올라가 큰 얼음덩이에 의지해서 작은 것을 힘껏 밀어냈습니다. 여럿이 힘을 합쳐 밀어내니 드디어 길이 열렸습니 다. 그 덕분에 날이 샐 무렵, 나룻배는 치하포에서 5리(약 1,964m)쯤 떨어진 강기슭에 닿았습니다.

청년은 주막에 여관을 겸하고 있는 나루터의 주인집으로 들어갔습니다. 풍랑으로 인해 손님들이 세 칸 여관방에 가득했는데, 방마다 코 고는 소리가 요란했습니다. 겨우 사람들 틈을 비집고 누워 잠이 들었습니다.
"오늘은 날씨가 좋으니 배를 타고 건너게 해 주시오!"
"그래요. 좀 건너게 해 주오."
여행객들이 떠드는 소리에 청년은 눈을 떴습니다.

아랫방에서부터 아침 식사가 시작되어 가운데 방과 윗방까지 밥상이 들어왔습니다. 그때 가운데 방에 있는 한 남자가 청년의 눈에 들어왔습니다.

단발을 하고 한복을 입은 그 남자는 같이 앉은 나그네와 인사를 나누고 있었습니다. *장연에 산다는데 말투는 장연 말이 아니고 *경성 말이었습니다. 그런데다 흰 두루마기 밑으로 칼집이 보였습니다. 청년의 눈에는 아무리 봐도 왜놈이었습니다. 그런데도 다들 그를 진짜 조선인으로 알고 이야기를 나누었습니다.

'이곳은 진남포 맞은편 기슭이므로 매일매일 여러 명의 왜인이 자기들 복장 그대로 오가는 곳이다. 그러니 저놈이 보통 장사치나 기술자라면, 굳이 우리 조선 사람으로 위장하지 않아도 되었을 것이다. 그렇다면…… 저자가 우리 국모를 시해한 미우라가 아닐까?'

청년은 자신도 모르게 목이 바짝바짝 탔습니다.

'그래, 경성에서 도망쳐 나와 당분간 숨으려는 걸 거야. 미우라가 아니더라도 분명 그놈과 공범임에 틀림없어. 칼을 차고 숨어 다니는 왜놈은 우리 국가와 민족의 독버섯인 건 분명한 사실! 그러니 오늘 저놈을 죽여서 국가의 치욕을 조금이라도 씻어야겠다.'

청년은 재빨리 주위를 둘러봤습니다. 방 세 칸에 가득 찬 손님의 수가 40여 명쯤 되었는데, 그들 중에 왜놈의 패거리가 몇 명 정도 섞여 있을지는 알 수 없었습니다. 지금은 17~8세로 보이는 총각이 그놈 옆

장연 황해도 장연군에 있는 읍.
경성 서울의 전 이름.

에서 무슨 말인가 소곤거리고 있었습니다.

'혼자의 몸에다 빈손이니 내가 저놈을 단번에 죽일 수는 없다. 저놈이 죽을 결심을 하고 덤벼들면 방 안에 있는 사람들이 너도나도 달려들어 말리겠지. 그 사이 놈의 칼이 내 목을 파고든다면······.'

그러자 가슴이 서늘해지면서 마구 울렁거렸습니다. 어찌해야 좋을지 몸도 마음도 어수선했습니다. 그때 스승이신 고능선 선생님의 가르침이 떠올랐습니다.

가지 잡고 나무를 오르는 것은 기이한 일이 아니나
벼랑에 매달려 잡은 손을 놓는 것이 가히 장부로다.

무슨 일이든 잘 판단하여 놓고도 실행의 출발점이 되는 *과단성이 없으면 다 쓸데없다는 말씀을 하시면서 들려주신 구절이었습니다. 순간 밝은 빛 한 줄기가 가슴속으로 스며드는 기분이었습니다. 청년은 곧 스스로에게 물어보았습니다.

'네가 보기에 저 왜놈을 죽여 부끄러움을 씻는 것이 옳다고 확신하는가?'

'그렇다.'

'그런데 왜 망설이지? 넌 어릴 때부터 마음 좋은 사람 되기가 소원 아니었던가?'

과단성(果斷性) 일을 딱 잘라서 결정하는 성질.

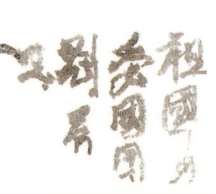

'그렇다. 하지만 만약 실패라도 하면 한낱 도적의 누명을 쓴 시체로 남겨질까 그것을 걱정하는 것이다.'

'그렇다면 지금껏 품었던 네 소원은 다 거짓이었구나. 사실은 네게 이로운 일을 찾아 이름이나 내고 싶었던 거야. 그렇지?'

청년은 얼굴이 후끈 달아오르며 그제야 결심이 섰습니다. 가슴속에서 일렁이던 파도도 어느덧 잔잔해졌습니다. 이어 백 가지 꾀가 줄지어 떠올랐습니다.

사람들은 부지런히 밥숟갈을 놀렸지만 새벽밥이 제대로 넘어갈 리가 없었습니다. 청년 역시 마찬가지였지만 억지로 밥을 숟갈 가득 펐습니다. 네댓 숟갈에 밥 한 그릇을 다 먹어 치운 뒤, 일부러 큰 소리로 주인을 불렀습니다.

"어느 손님이 불렀소?"

나이가 서른일곱쯤 되어 보이는 사람이 문 앞에 와서 물었습니다.

"오늘 700여 리(약 27만 4,909m)나 되는 산길을 걸어서 넘어가야 합니다. 아침을 더 먹어야겠으니 밥 일곱 사람 분을 더 차려다 주시오."

"미친놈이네. 젊은 사람이 참 불쌍하군."

청년을 위아래로 훑어보던 주인은 다른 손님들을 향해 이렇게 말하고는 안방으로 들어가 버렸습니다. 청년은 방 한쪽에 드러누워 사람들이 하는 말과 분위기를 보면서 왜놈의 동정을 살폈습니다.

방 안에서는 두 갈래로 나뉘어 말싸움이 시작되었습니다. 그중 제법 공부를 했을 법해 보이는 젊은이들은 여관 주인처럼 청년을 미친 사람이라고 했습니다. 반대로 긴 담뱃대를 물고 앉은 노인들은 그런 젊은이들을 나무랐습니다.

"여보게, 함부로 말하지 말게. 지금인들 *이인이 없으란 법이 있겠나? 이런 말세에는 마땅히 이인이 나는 법일세."

"이인이 없지는 않겠지만, 저 사람 생긴 꼴을 보세요. 무슨 이인이 저렇게 생겼겠어요?"

젊은이들이 청년 쪽을 힐끔거리며 말했습니다. 그런 중에도 왜놈은 별로 주의하는 빛도 없이 식사를 마치고 밖으로 나갔습니다. 그리고 문기둥에 의지한 채 방 안을 들여다보며 함께 있던 사람이 밥값 계산하는 것을 지켜보고 있었습니다. 청년은 마음을 다잡고 서서히 몸을 일으켰습니다.

"네 이놈!"

청년은 재빨리 왜놈을 발로 차며 소리쳤습니다. 왜놈이 계단 밑으로 떨어지자 순식간에 달려가서 그의 목을 힘껏 밟았습니다. 그러자 세 개의 방문이 한꺼번에 활짝 열리면서 사람들이 우르르 얼굴을 내밀었습니다.

"누구든지 이 왜놈을 위해 내게 달려드는 자가 있거든 모두 죽여 버리겠다!"

이인(異人) 재주가 신통하고 비범한 사람.

청년이 몰려나오는 사람들을 향해 소리쳤습니다.

그 사이 왜놈이 칼을 번쩍이며 청년에게 달려들었습니다. 청년은 얼굴을 향해 날아오는 칼을 피하면서 왜놈의 옆구리를 차서 거꾸러뜨렸습니다. 동시에 칼 잡은 손목을 힘껏 밟았습니다. 칼이 땅바닥으로 툭 떨어졌습니다.

그 칼을 주워 든 청년이 왜놈을 *거푸 찔렀습니다. 2월이라 마당은 빙판이었습니다. 그 빙판 위로 붉은 피가 도랑처럼 마당가로 흘러갔습니다. 청년은 그 피를 얼굴에 바른 뒤, 피가 뚝뚝 떨어지는 칼을 들고 방 안으로 내달았습니다.

"아까 저 왜놈을 위해서 내게 달려들려고 했던 놈이 누구냐?"

"장군님, 살려 주십시오. 저는 그놈이 왜놈인 줄도 몰랐습니다. 그저 보통 싸움인 줄 알고 말리려 했던 것입니다."

"저는 어제 장군님과 같은 배로 온 장사꾼입니다. 왜놈 얼굴은 지금에야 봤습니다."

미처 도망치지 못하고 방 안에 남아 있던 사람들은 납작 엎드린 채 다투어 빌었습니다.

"장군님, 아직 생각이 부족한 젊은이들이니 용서하십시오."

노인들은 겁이 나서 벌벌 떨면서도 아까 청년을 편들어 준 일로 떳떳이 가슴을 내밀고 말했습니다. 그때 여관 주인이 왔습니다.

"소인은 눈은 있지만 눈동자가 없어 장군님을 알아보지 못했습니

거푸 잇따라 거듭.

다. 그 죄 죽어도 마땅하나 저 왜놈에게는 다만 밥 팔아먹은 죄밖에 없습니다."

그는 감히 방 안에 들어오지도 못하고 바깥에 엎드려서 빌었습니다.

청년은 그들을 모두 일어나 앉게 했습니다. 그러자 눈치 빠른 주인은 재빨리 세면도구들을 들여오고, 밥 일곱 그릇을 한 상에 차려 왔습니다. 또 다른 상에는 반찬을 차려 왔습니다.

청년은 얼굴을 씻고 밥상 앞에 앉았습니다. 밥 한 그릇을 먹은 지 10분 정도밖에 되지 않았지만 힘을 쓴 뒤라 한두 그릇쯤은 더 먹을 수 있을 것 같았습니다. 그러나 아무리 생각해도 일곱 그릇까지는 무리였습니다.

'하지만 달라고 해 놓고 못 먹으면 거짓말했다는 게 들통 나고 말 거야…….'

청년은 큰 양푼 한 개를 달라고 했습니다. 거기다 밥과 반찬을 모두 쏟아붓고, 숟가락 한 개를 더 달라고 했습니다. 숟가락 두 개를 포개 들고서 밥 한 덩이가 밥 그릇만큼씩 되게 떠먹었습니다. 옆에서 보는 사람들 생각에 몇 번만 더 뜨면 그 밥을 다 먹겠구나 싶도록 보기 좋게 두어 그릇 분량을 먹었습니다.

"보고 싶던 원수의 피를 실컷 보았더니 오늘은 배가 불러 밥이 더 안 들어가는군."

청년은 숟가락을 던지며 일부러 혼잣말처럼 중얼거렸습니다. 그런

다음 뒤처리를 시작했습니다. 왜놈의 소지품을 조사해 보니 그놈은 일본군 중위였습니다. 짐 속에는 엽전 800냥이 들어 있었습니다.

"이 동네 동장을 불러오너라."

청년이 모여 선 사람들을 향해 말하자 여관 주인이 얼른 앞으로 나왔습니다.

"소인이 동장입니다요."

"이 돈은 동네 가난한 사람들에게 고루 나눠 주어라. 왜놈들은 우리

조선 사람들뿐 아니라 모든 생물들의 원수니, 저놈은 바닷속에 던져서 물고기들의 밥이 되게 하라."

이렇게 말한 뒤 청년은 여관 주인에게 필기도구를 가져오게 했습니다.

국모의 원수를 갚기 위해 이 왜인을 죽이노라!

- 해주 백운방 텃골 김창수

이렇게 써서 사람들이 지나다니는 길거리 벽에 붙였습니다.

"네가 이 동네 동장이니 안악 군수에게 사건의 앞뒤를 보고하라. 나는 내 집으로 돌아가서 연락을 기다리겠다. 기념으로 왜놈의 칼은 내가 가지고 가겠다."

청년은 여관 주인에게 이렇게 말하고는 칼을 가지고 천천히 그곳을 떠났습니다. 겉으로는 태연한 척했으나 가슴은 북 치듯 둥둥거리고 마음은 몹시 급했습니다.

"네가 복수를 하였든 무엇을 하였든 간에 우리 동네에서 살인을 했으니 끝까지 해결하고 가거라."

동네 사람들이 이렇게 소리치며 붙잡을지도 몰랐습니다. 그렇게 되면 사실을 설명할 기회도 없이 잡으러 온 왜놈들 손에 죽게 될 게 뻔했습니다.

하지만 청년은 애써 천천히 걸었습니다. 한가로워 보이는 그 태도에 나그네들과 동네 사람 수백 명은 모두 쳐다보며 길을 내주었습니다. 고갯마루에 올라서서야 청년은 곁눈질로 치하포를 내려다보았습니다. 사람들은 여전히 이쪽을 쳐다보고 있었습니다.

청년은 고개를 넘은 뒤에야 안도의 숨을 내쉬며 빠르게 걸어 신천읍에 도착했습니다. 그날은 신천읍 장날이었습니다.

"여보게, 그거 들었나? 오늘 새벽 치하포 나루에 어떤 장사가 나타났는데, 일본 사람을 한주먹으로 때려죽였다던데."

"내가 그 장사하고 같이 용강에서부터 배를 타고 왔다는 사람을 만났다네. 나이 스물도 안 되어 보이는 소년이라더군. 그런데 글쎄 강 위로 빙산이 몰려와서 배가 그 사이에 끼여 다 죽게 되었는데, 그 소년 장사가 큰 빙산을 손으로 밀어내고 배에 탄 사람들을 모두 살렸다더군. 정말 대단한 인물이지?"

"어디 그뿐인 줄 아나? 그 장사는 밥 일곱 그릇을 눈 깜짝할 사이에 다 먹어 치웠다는 걸."

시장 이곳저곳에서 '치하포 사건'에 대한 이야기가 들렸습니다. 청년은 얘기들을 들으며 고향 해주를 향해 걸음을 옮겼습니다.

그 청년이 나중에 임시 정부 주석이 된 나, 백범 김구입니다.

2. 해주 텃골의 개구쟁이

나는 1876년 *7월 11일, 황해도 해주에서 조금 떨어진 백운방 텃골에서 태어났습니다.

우리는 안동 김씨, 경순왕의 자손으로 대대로 이름난 양반 집안이었습니다. 그런데 김자점이라는 조상이 반역 행위를 해 집안이 모두 죽임을 당하게 되었습니다. 그때 우리 조상은 재빨리 서울에서 해주 텃골로 숨어든 탓에 죽음만은 피할 수 있었습니다. 그러나 역적의 집안임을 감추고 살아야 했기 때문에 양반 행세도 할 수 없었습니다.

열일곱 살의 어머니는 나를 낳을 때 몹시 고생하셨습니다. 배가 아프기 시작한 지 일주일이 지나도록 내가 태어나지 않았기 때문입니다. 친척들이 모여 온갖 처방을 다 했지만 효과가 없었습니다.

"이제는 달리 방법이 없다. 당장 소 *길마를 머리에 쓰고 용마루로 올라가 소 울음소리를 내거라."

7월 11일 음력, 양력으로는 8월 29일.
길마 짐을 싣거나 수레를 끌기 위해 소나 말의 등에 얹는 안장.

　집안 어른들이 아버지에게 말했습니다. 당시 스물일곱이던 아버지는 하는 수 없이 길마를 머리에 쓰고 지붕 용마루로 올라가 음매음매 하고 울었습니다. 그제야 내가 태어났다고 합니다(난산의 경우, 산모와 고통을 나누기 위한 의식의 하나. 평안·해서 지방에서 볼 수 있다).

　나는 보통 아이들보다 덩치도 크고 젖도 많이 먹었습니다. 그러나 가난한 탓에 제대로 먹지 못한 어머니는 늘 젖이 부족해 내게 *암죽을 끓여 먹였고, 아버지도 틈만 나면 나를 품고 이웃집을 다니며 젖동냥을 해서 먹였습니다.

　그러다 내가 서너 살 되었을 때 천연두를 앓았습니다. 그런데 어머니가 보통 종기인 줄 알고 예사 부스럼처럼 대나무 침으로 따고 고름

암죽　곡식이나 밤의 가루로 묽게 쑨 죽.

을 짜는 바람에 내 얼굴에는 평생 굵은 마마 자국이 남게 되었습니다.

이렇게 어렵게 태어나 어렵게 자랐지만 내 몸은 남달리 튼튼했습니다. 하지만 고집도 세고 장난도 심했습니다.

내 나이 다섯 살 때, 우리 집은 집안 어른들을 따라 강령군 삼가리로 잠시 이사하여 산 적이 있습니다. 그곳은 앞은 바다요, 뒤는 산이었습니다. 우리 집은 산 입구에 있는 외딴 집이었습니다. 밤이면 종종 호랑이가 사람을 물고 집 앞으로 지나갔기 때문에 문밖으로 나갈 수 없었습니다. 그러나 낮에는 이웃 동네 이생원 댁에 가서 놀다 오곤 했습니다. 그 집에는 아이들이 여럿이었기 때문입니다.

그날도 나는 이생원 댁 사랑방에서 놀고 있었습니다.

"야, 이 해줏놈을 때려 주자!"

갑자기 자기들끼리 쑥덕거리더니 나에게 달려들었습니다. 이유도 없이 얻어맞으니 분해서 참을 수가 없었습니다. 나는 곧장 집으로 돌아와 부엌칼을 들고 그 집으로 달려갔습니다.

'문으로 들어가면 들킬 게 분명해.'

나는 울타리를 뜯었습니다. 막 안으로 들어서는데 나이 많은 그 집 딸이 보고 소리를 질렀습니다. 그 바람에 나는 아이들한테 붙잡혀 다시 실컷 얻어맞고 칼도 빼앗겼습니다. 집으로 돌아왔지만 잃어버린 칼 때문에 부모님께 아무것도 말씀드리지 못했습니다.

어느 날은 집에 혼자 있게 되었습니다. 입이 궁금하여 먹을 것이 없나 이리저리 찾고 있는데, 마침 문 앞으로 엿장수가 지나갔습니다.
"헌 *유기나 부러진 숟가락으로 엿 사시오!"
엿장수는 가위를 쩔렁거리며 소리쳤습니다. 입안에 군침이 고였습니다. 헌 숟가락만 받는 줄 알고 나는 멀쩡한 아버지의 숟가락을 밟아 분질러 반 토막을 주고 엿을 샀습니다. 주먹만 하게 뭉친 엿을 맛있게 먹고 있는데, 아버지께서 들어오셨습니다. 토막 난 나머지 숟가락을 그대로 가지고 있었기 때문에 나는 사실대로 말씀드릴 수밖에 없었습니다.
"다시 그런 짓을 하면 가만두지 않을 게야!"
아버지는 이렇게 말하고는 용서해 주었습니다.
그 얼마 뒤, 아버지가 엽전 스무 냥을 방 아랫목 이부자리 속에 넣어 두는 것을 봤습니다. 돈을 보니 앞 동네에서 파는 떡 생각이 났습니다. 어찌나 먹고 싶던지 아버지가 나가시자 나는 그 돈을 전부 꺼내 떡집으로 향했습니다. 가는 중에 하필 집안 할아버지를 만났습니다.
"창암이 너 이 녀석, 돈 가지고 어디 가느냐?"
집안 할아버지는 눈이 휘둥그레져서 물으셨습니다.
"떡 사 먹으러 가요."
"그 많은 돈으로? 네 아비가 보기 전에 어서 집으로 돌아가거라."
할아버지는 돈을 빼앗고는 앞장서 걸으셨습니다. 먹고 싶은 떡을 못 먹게 되어 나는 입이 한 주먹이나 나와서 터덜터덜 뒤따랐습니다.

유기(鍮器) 놋그릇.

　외출에서 돌아오신 아버지는 그 얘기를 듣더니 한마디도 하지 않고 빨랫줄로 나를 꽁꽁 동여매셨습니다. 그리고는 들보에 달아매고 매질을 시작하셨습니다. 어머니도 들에서 돌아오지 않아 말려 줄 사람도 없고, 나는 아파 죽을 지경이었습니다. 그때 마침 나를 지극히 사랑하시는 장련 할아버지가 지나가시다 내 비명 소리를 듣고 달려오셨습니다.
　"어린것을 이렇게 무지하게 때리느냐?"
　나를 풀어 주신 할아버지는 아버지의 설명은 듣지도 않고 다짜고짜 매를 빼앗아 아버지를 마구 때리셨습니다. 그 할아버지는 아버지와 동갑이지만 촌수가 위였기 때문에 아버지는 꼼짝없이 맞고 계셨습니다. 그 모습을 보니 어찌나 고소한지 속이 다 시원했습니다.

그런데 그렇게 맞고도 짓궂은 장난은 멈출 줄을 몰랐습니다. 한번은 여름에 장맛비가 와서 근처에 샘이 솟아나 작은 내가 흐르게 되었습니다. 나는 집에 있는 붉은색과 푸른색 염색 통을 꺼내 와서 샘에다 풀어 놓고 푸른 내랑 붉은 내가 서로 만나며 섞이는 것을 구경했습니다. 그 모습이 어찌나 멋지던지 염색약을 풀고 또 풀었습니다.

"이놈의 자식! 아까운 염색약을 다 써 버렸네."

어머니는 화가 나서 내 종아리를 마구 때리셨습니다.

그러다 1882년 내 나이 일곱 살 때, 친척들이 그곳을 떠나 해주 텃골로 향했습니다. 이때 우리 집도 고향 해주로 돌아왔습니다.

3. 과거를 보다

내 나이 열두 살 되던 해였습니다.

하루는 집안 어른들이 하는 이야기를 듣게 되었습니다. 몇 해 전 집안에 새로 혼인한 집이 있었는데, 그 집 할아버지가 새 사돈을 만나려고 서울 갔던 길에 사 두었던 *총대우를 쓰고 밤중에 나가셨습니다. 그런데 이웃 동네 양반인 강씨와 이씨에게 들켜서 갓을 찢기고 다시는 갓을 못 쓰게 되었다는 것입니다. 그 순간 나는 큰 충격을 받았습니다.

"아버님, 그 사람들은 어찌하여 양반이 되었고, 우리 집은 어찌하여 상놈이 되었습니까?"

"강씨의 선조는 우리만 못하지만 현재 진사가 세 사람이나 있지 않으냐. 이씨네 집도 그렇다."

"어찌하면 진사가 될 수 있습니까?"

"진사는 학문을 닦아 큰 선비가 되면 과거를 보아서 되는 것이다."

총대우 말총이나 쇠꼬리의 털로 짜서 옻을 칠한 갓. 원래 당상관 이상 쓰는 것이지만 후대에 양반들이 일반적으로 사용하였다.

그때부터 나는 글공부할 마음이 간절했습니다. 당시 *국문을 배워 이야기책 정도는 볼 줄 알았고, 한문도 이 사람 저 사람에게 천자문은 배웠지만 그것으로는 만족할 수 없었습니다.

"저도 글공부를 해서 양반이 되어 보겠습니다. 그러니 서당에 보내 주십시오."

"창암아, 동네에는 서당이 없고, 다른 동네 양반 서당에서는 상놈을 잘 받지 않는다. 받아 주더라도 양반 자제들이 업신여길 테니 그 꼴은 내가 못 보겠구나."

아버지는 이렇게 말하며 주저하셨습니다. 그러다 궁리 끝에 아버지는 문중과 근처 상놈 친구의 아이들 몇 명 모아 서당을 만들고, 이웃 동네에서 이 생원을 선생님으로 모셔 왔습니다. 그분은 양반이지만 글이 얕다 해서 양반들이 선생으로 모셔 가지 않는 분이었습니다.

선생님이 오시는 날, 나는 너무 좋아서 머리 빗고 새 옷도 입고 마중을 나갔습니다. 공손히 절한 뒤, 선생님을 뵈니 마치 신선이나 하느님처럼 거룩해 보였습니다. 그날부터 우리 집은 사랑에 서당을 열고 선생님 식사까지 챙겨 드리게 되었습니다. 그만큼 아버지는 내 공부에 열성이었습니다.

나는 새벽에 일어나 누구보다 먼저 선생님께 글을 배웠고, 선생님은 *밥 구럭을 메고 멀리서 오는 동무들도 가르쳐 주었습니다. 그런데 학생들이 늘어나자 석 달 만에 서당을 신존위라는 사람의 집으로 옮겼습

국문(國文) 나라 고유의 글자. 또는 그 글자로 쓴 글.
밥 구럭 도시락(구럭은 물건을 담아 들거나 어깨에 메고 다닐 수 있도록 만든 것).

니다. 나는 밥 구럭을 메고 산 고개 너머에 있는 서당을 오가며 끊임없이 글을 외웠습니다. 동무들 중에는 나보다 수준이 높은 이도 있었지만, 배운 것을 외우는 시험에서는 늘 내가 일등이었습니다. 신존위는 선생님이 나를 각별히 귀여워하는데다 자기 아들보다 더 공부를 잘하자 샘을 냈습니다. 그 때문에 결국 밥을 너무 많이 먹는다는 이유를 붙여 선생님을 쫓아 버렸습니다. 선생님이 떠나자 나는 며칠 동안 밥도 먹지 않고 울기만 했습니다.

얼마 뒤, 서당에서는 다시 '돌림 선생'을 모셔 왔지만 공부를 계속할 수 없게 되었습니다. 아버지가 갑자기 온몸이 마비되어 자리에 누우셨던 것입니다. 몇 달 치료 끝에 다행히 한쪽 팔과 다리는 쓸 수 있게 되었습니다.

"창암아, 이제 돈이 없어 의원을 모셔 올 수가 없구나. 밥을 빌어먹더라도 아버지를 모시고 다니며 훌륭한 의원을 찾아 꼭 병을 고쳐야겠다. 그동안 너는 큰어머니 댁에서 지내거라."

어머니는 이렇게 말하고 집과 솥을 팔아 여비를 마련하셨습니다. 어머니와 아버지가 길을 떠나자 나는 큰어머님 댁에서 사촌들과 송아지 고삐나 끌며 산과 들에서 세월을 보냈습니다. 그러다 부모님이 너무 그리워 함께 떠돌아다니다 *재종조의 누이 댁에서 지내기도 했습니다. 거기서 산에 나무하러 가곤 했는데 나무하는 것도 힘들었지만 큰 서당에서 밤낮 책 읽는 소리가 들릴 때마다 말할 수 없이 슬펐습니다.

재종조 할아버지의 사촌 형제.

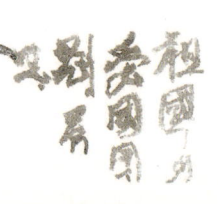

"아버지, 저도 공부하고 싶어요. 고향으로 가서 공부하게 해 주세요."

아버지의 병이 많이 나아지자 나는 또 이렇게 졸라 댔습니다. 그래서 우리는 다시 고향으로 돌아오게 되었습니다.

친척들이 돈을 조금씩 걷어 주어 겨우 살 곳을 마련하였고, 나도 서당에 다니게 되었습니다. 책은 빌려서 읽었지만 먹과 붓은 나올 곳이 없었습니다. 어머니가 김매고 길쌈하여 먹과 붓을 사 주시면 말할 수 없이 감사했습니다. 점점 글이 늘자 가까운 곳에 있는 선생님으로는 만족할 수 없게 되었습니다. 하지만 학식이 높은 분을 모셔 오려면 돈이 많이 들었습니다. 아버지도 이 문제를 걱정하셨지만 달리 방법이 없었습니다.

"창암아, 너도 장차 먹고 살 궁리를 해야 되질 않겠느냐. 그러니 큰 공부 하려고 애쓰지 말고 실제 써먹을 수 있는 걸 배우거라."

어느 날 아버지가 말씀하셨습니다. 그때부터 나는 편지, *제축문, *소장 같이 생활에 필요한 글을 짓는 공부를 했습니다. 그러나 이것만으로는 만족할 수 없었습니다.

그 무렵 동네에서 10리(약 3,927m)쯤 떨어진 곳에 정문재라는 사람이 살았습니다. 상놈이었지만 이름난 학자여서 근처에서 과거 공부하는 선비들이 그를 찾아 모여들고 있었습니다. 큰어머니와는 육촌 사이여서 아버지가 찾아가 간절히 부탁한 끝에 돈을 안 내고도 배울 수 있

제축문(祭祝文) 제사를 지낼 때에 신명(神明)에게 고하는 글.
소장(訴狀) 소송을 제기하기 위하여 제일심 법원에 제출하는 서류.

게 되었습니다. 나는 너무 좋아서 매일 밥 구럭을 메고 험한 고개, 깊은 계곡을 쏜살같이 넘나들었습니다. 거기서 생활하는 학생들이 일어나지도 않았을 때 도착한 것이 한두 번이 아니었습니다.

그러던 어느 날, 정 선생님의 뜻에 따라 과거를 보게 되었습니다.

"요즘은 과거장이 엉망이라 자기가 글을 지어서 써내는 사람이 거의 없다는군. 돈 있는 사람들은 죄다 글 잘하는 사람을 사서 대신 보게 한다네. 그나저나 자네는 시험 잘 봤는가?"

"잘 보면 뭘 하나. 급제할 사람을 돈 받고 미리 정해 놓는다는데……."

과거장을 나오는데 이런저런 말이 들렸습니다.

'쯧쯧, 과거장이 이 모양이니 아무리 공부해 봐야 진사가 되어 상놈 신세를 면하긴 다 틀렸구나.'

과거장에서 돌아오자마자 아버지께 내 생각을 말씀드렸습니다.

"그래, 네 말이 옳다. 그러면 풍수 공부나 관상 공부를 해 보아라. 풍수는 산이나 땅의 모양, 위치를 아는 것이니 이것을 공부하면 무덤을 좋은 데 써서 자손들이 부귀영화를 누리게 될 게다. 관상은 사람의 얼굴을 보는 것이니 공부해 두면 사람을 잘 알아보아 훌륭한 사람을 만날 수 있을 것이다."

나는 아버지 말씀이 옳다고 생각했습니다. 그래서 관상 보는 책을 빌려 열심히 공부했습니다. 바깥출입을 하지 않고 석 달 동안이나 내

얼굴을 관상학에 따라 자세히 관찰했습니다. 그러나 어느 한 군데도 좋은 상은 없고, 그저 천하게 살다가 죽을 얼굴이었습니다. 그런데 관상책 내용 중에,

'얼굴 좋은 것보다 몸 좋은 것이 낫고, 몸 좋은 것보다 마음 좋은 것이 낫다.'

이 구절은 마음에 쏙 들었습니다.
'그래, 얼굴 좋은 사람보다 마음 좋은 사람이 되자. 이제부터 겉모양보다 마음을 닦는 내적 수양에 힘써서 사람 구실을 하리라.'
이렇게 마음먹자 벼슬하여 상놈 신세에서 벗어나겠다던 생각은 모두 허영이며 마음 좋은 사람이 할 행동이 아니라고 생각되었습니다. 그러나 마음 좋은 사람이 되는 방법을 생각해 보니 역시 막막했습니다. 그래서 관상책을 덮고 지리에 관한 책과 병서를 빌려 읽기 시작했습니다. 내 나이 열일곱이던 해, 나는 1년간 친척 아이들을 가르치며 의미도 잘 모르는 병서만 읽었습니다.

4. 동학의 접주

이 무렵 이상한 이야기가 떠돌았습니다.

우리 동네에서 남쪽으로 20리(약 7,855m) 떨어진 곳에 사는 오응선, 최유현 등은 동학을 공부하는데, 공중으로 걸어 다니는가 하면 하룻밤 사이에 충청도를 오간다고 했습니다. 나는 몹시 궁금해 직접 보고 싶었습니다.

그러던 어느 날, 마침내 오응선 댁을 방문했습니다. 내가 절을 하니 그 사람도 공손히 맞절을 했습니다.

"저는 낮은 신분입니다. 어른이 되어도 당신께 이런 대접을 받지 못할 것인데, 아직 아이인 제게 어찌 이렇게 대하십니까?"

"우리 동학에는 신분의 높고 낮음이 없습니다. 모두 평등하지요. 그러니 조금도 미안해 마시고 찾아오신 뜻이나 말씀하십시오."

오응선의 말에 나는 별세계에 온 것 같았습니다.

내가 동학의 도리에 대해 알고 싶다고 하자 그는 차근차근 친절하게 이야기해 주었습니다. 마음 좋은 사람이 되기로 결심한 내게는 하늘님을 모시고 도를 행한다는 말이 가장 마음에 와 닿았습니다. 또한 상놈도 동학에 입도만 하면 차별 대우를 받지 않는다는 말이나 이씨 조선의 운수가 다하여 장래 새 국가를 건설한다는 말에서는 작년 과거장에서 느낀 슬픔이 떠오르기도 했습니다.

나는 당장 동학에 들어갔습니다. 그동안 쓰던 창암이란 이름을 창수로 바꾸고 동학 공부를 열심히 했습니다. 동학에 대한 내 얘기를 들은 아버지도 곧 동학교도가 되었습니다. 몇 개월 만에 나의 *연비는 수백 명에 이르렀습니다. 따라서 내 이름은 황해도 안에 널리 알려졌고, 나를 만나기 위해 사람들이 찾아오기도 했습니다.

"동학을 해 보니 무슨 조화가 생깁디까?"

그들은 대부분 이렇게 물었습니다.

"나쁜 일 하지 않고 선한 일 하게 되는 것이 동학의 조화입니다."

나는 정직하게 대답했습니다. 그러나 듣는 이들은 내가 자기네들에게 아직 조화를 보여 주지 않은 것으로 생각한 모양이었습니다. 돌아가서는,

"김창수가 한 길 이상 공중에서 걸어가는 것을 보았소."

라고 했습니다. 나의 도력에 대한 헛소문은 황해도는 물론이고 평안남도에까지 퍼져 연비가 수천에 달하였습니다. 그러자 나는 황해도·평

연비 동학에서는 도를 전한 사람을 '연원'이라 하고, 도를 받은 사람을 '연비'라고 한다.

안도의 동학당 중 나이 어린 사람으로 가장 많은 연비를 가지게 되었고, '아기 접주'라는 별명이 붙었습니다. 접주란, 한 지방의 신도들 책임자였습니다.

　1894년, 전라도 고부에서 접주 전봉준이 중심이 되어 농민들이 부패한 관리들을 쳐부수기 위해 일어섰습니다. 이 소식을 듣고 황해도의 동학 교도들도 들썩거

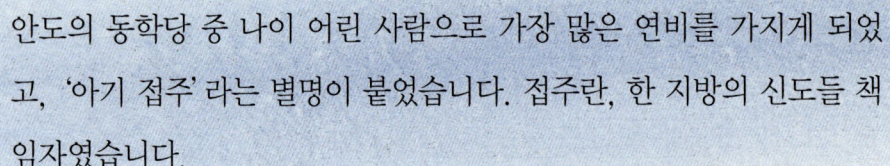

렸습니다. 황해도에도 양반과 관리들이 백성들을 못살게 구는데다 삼남 교도들로부터 같이 일어나 달라는 연락이 잇따라 도착했습니다. 그래서 황해도 대표 열다섯 접주와 그 밖의 두목들이 모여 회의를 열었습니다. 나도 열다섯 접주에 속했기 때문에 회의에 참석했습니다. 회의 결과, 군사를 일으키기로 하고 각지에 연락을 보내 동학 연비 중에 무기 가진 이들을 모아 군대를 편성했습니다. 내 접에 총 가진 군인이 700여 명으로 가장 많았습니다.

　최고 회의에서는 해주성을 먼저 함락하고 탐관오리와 왜놈을 없애기로 했는데, 그 선봉으로는 나를 임명했습니다. 그 이유는 비록 나이

는 어리지만 평소에 병법을 연구했고, 내 접이 산포수로 잘 무장되어 있었기 때문입니다.

나는 팔봉산 아래 산다고 해서 접 이름을 '팔봉'이라 짓고, 푸른 비단에 '팔봉*도소'라고 크게 쓴 깃발과 서양과 일본을 배척한다는 뜻의 '척양척왜'의 넉 자를 써서 높이 매달았습니다.

드디어 선봉이라는 사령기를 잡고 해주성을 향해 맨 앞에서 말을 달렸습니다. 막 남문을 향해 돌진했을 때였습니다. 왜병들이 성 위에 올라가 공포 네댓 방을 쏘았습니다. 훈련을 받지 못한 동학교도는 총소리에 놀라 다투어 달아났습니다. 몇 명이 총에 맞고 쓰러지자 당황한 총사령부에서는 퇴각 명령을 내렸습니다. 전군을 이끌고 서문 아래 도착해 맹렬히 싸우던 나는 하는 수 없이 퇴각하여 80리(약 3만 1,418m) 떨어진 회학동에 집결했습니다.

싸움에는 실패했지만 이번 싸움으로 커다란 교훈을 얻었습니다. 군사들에게는 무엇보다 훈련이 중요하다는 것입니다. 그래서 동학도든 아니든 장교 경험이 있는 사람을 각 지방에서 모셔 와 병사들을 훈련시켰습니다.

그러던 어느 날 밤, 진사 안태훈으로부터 *밀사가 왔습니다. 안 진사는 회학동에서 20리(약 7,855m) 밖 신천군 청계동에 살고 있었습니다. 그는 문장과 글씨는 물론 지략까지 겸비해서 그 이름이 해서 지방은 물론 전국에 널리 알려진 인물로, 조정 대신들까지 크게 대접할 정

도소(都所) 동학 도접주들의 총집회 기관.
밀사(密使) 몰래 보내는 사자.

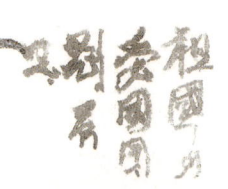

도였습니다. 그의 맏아들이 바로 훗날 하얼빈에서 이토 히로부미를 죽인 안중근이었습니다.

안 진사는 그 즈음 의병을 일으켜 동학도를 토벌하고 있었는데, 신천 지역의 동학 토벌에 좋은 성적을 거두고 있었습니다. 그 때문에 동학의 각 접은 그를 두려워했습니다. 그러던 터에 나에게 밀사가 온 것입니다.

"진사 어르신께서는 어리지만 대담한 인품을 지닌 김 접주를 아끼는 터라 토벌하지는 않으시겠답니다. 그러나 혹시 김 접주가 청계동을 침범하다가 패하게 되면 김 접주의 목숨을 보장하기 어려우니 서로 치지 않기로 약속을 맺으면 어떻겠느냐고 말씀하셨습니다."

참모로부터 밀사의 말을 전해 들은 나는 즉시 참모 회의를 열었습니다. 그 결과, 안 진사와는 서로 공격하지 않을 것이며 어느 한쪽이 어려운 일에 부딪히면 서로 돕는다는 밀약을 맺었습니다.

얼마 뒤, 우리 군사는 구월산의 패엽사로 옮겨 갔습니다. 패엽사에 본영을 두고 동 어귀에 파수막을 지어 군인의 산 밖 출입을 금지하였습니다. 군인 중에는 동학군이란 것을 내세워 근처 동네에 들어가 돈을 빼앗거나 행패를 부리는 이가 많았습니다. 그런 자가 고발되면 나는 체포하여 무기를 빼앗고 곤장이나 태장으로 엄히 다스렸습니다.

한편 구월산 일대에는 이동엽이란 접주가 이끄는 동학군이 큰 세력을 떨치고 있었습니다. 그의 군사들은 특히 백성들에게 행패가 심했습니다. 우리 군인에게 잡혀 오거나 하면 나는 총을 빼앗고 벌을 준 다음 돌려보냈습니다. 그런데 내 부하 중에 도적질이 하고 싶어 밤중에 도망쳐서 이동엽의 부하가 되는 자가 많아져서 내 세력은 나날이 줄어들었습니다.

그러던 12월의 어느 날, 나는 홍역으로 앓아누워 있었습니다.

"이동엽이 전군을 이끌고 쳐들어오고 있습니다!"

한 참모가 방 안으로 뛰어들며 소리쳤습니다. 그 외침이 끝나자마자 이동엽의 군사들이 총을 쏘고 칼을 휘두르면서 절 안으로 쏟아져 들어왔습니다. 뜻밖의 습격이라 우리 군사들은 제대로 대항 한번 못 해 보고 뿔뿔이 흩어졌습니다. 순식간에 우리 군대는 산산조각이 났습니다. 나는 남아 있는 참모와 함께 몽금포로 숨어들어 석 달을 지냈습니다. 들리는 소문으로는, 이동엽은 왜병들에게 잡혀서 사형당하고 각 군의 동학군은 거의 소탕되었다고 했습니다.

5. 소중한 만남

"왜병들이 동학당을 수색 중이라는구나. 어서 멀리 몸을 피하거라."
참모와 같이 텃골 본가로 가니 부모님이 걱정스러운 얼굴로 말씀하셨습니다. 그 때문인지 다음날 참모는 청계동 안 진사를 찾아가자고 했습니다.
"혹시 안 진사가 나를 받아들인다 해도 전쟁에 진 장수로, 어찌 적군이던 그의 밑에 들어가 포로 대우를 받으며 목숨을 이어가겠소."
참모가 거듭 권하자 나는 이렇게 말했습니다.
"그가 밀사를 보낸 속뜻은 바로 이런 경우를 대비해서였을 겁니다. 나이 어린 대장님의 담대한 기개를 아낀 것이지요. 그러니 염려 말고 같이 갑시다."
결국 나는 참모와 함께 청계동으로 향했습니다. 파수병의 안내를 받아 들어가자 안 진사는 우리를 반갑게 맞이했습니다.

"김 접주께서 패엽사에서 안전하게 벗어나셨다기에 애써 찾아보았지요. 그래도 계신 곳을 몰라 걱정하던 터에 이렇듯 찾아 주시니 고맙소이다."

듣던 대로 안 진사는 마음이 넓고 인품이 훌륭한 사람이었습니다.

"부모님을 모시고 계시다는 얘길 들었는데, 어디 편히 계실 곳이 있습니까?"

"달리 있을 곳이 없어 아직 본동에 계십니다."

내 대답이 끝나자마자 안 진사는 부하를 불렀습니다.

"총 가진 군사 30명을 데리고 오늘 중으로 텃골로 가거라. 가서 김 접주 부모님을 모셔 오고, 집 안 살림도 모두 옮겨 오도록 하여라."

안 진사는 이렇게 말하고 곧 집 한 채를 구해 주었습니다.

이렇게 해서 그날부터 청계동 생활이 시작되었습니다. 이때 내 나이 스무 살이었습니다.

안 진사네는 6형제였는데, 모두 학식이 풍부하고 인격이 높았습니다. 그중에서도 셋째인 안 진사가 제일 뛰어났습니다. 그는 나를 시험하기 위해 종종 질문하거나 이야기를 나누었습니다. 그러던 중 고능선이라는 분을 알게 되었습니다. 그분은 품행이 바르기로 이름난 학자였습니다. 해주 밖 비동에서 대대로 살았는데, 안 진사가 의병을 일으키던 초기에 *모사로 모셔 와 청계동에 살게 되었다고 합니다. 진사는 그분을 지극히 공경하여 모셨습니다.

48 **모사(謀士)** 남을 도와 꾀를 내는 사람.

그날도 안 진사 사랑에서 그분을 만나 종일 함께한 뒤 헤어질 즈음이었습니다.

"이보게 창수, 내 사랑 구경 좀 하겠나?"

고능선 선생님이 말씀하셨습니다. 나는 감동하여 다음 날 바로 그분 댁을 방문했습니다.

고 선생님이 지내는 사랑은 작은 방인데, 방 안 가득 서적들이 쌓여 있었습니다. 사방 벽에는 이름난 옛 선비들이 남긴 좌우명과 선생님 자신이 마음 깊이 깨우쳐 얻은 글들이 붙어 있었습니다. 고 선생님은 무릎을 개고 단정히 앉아 마음을 닦기도 하고, 이따금 〈손무자〉와 〈삼략〉 등의 병서를 읽으셨습니다.

"자네가 매일 안 진사 사랑에 와서 놀지만, 내가 보기에 자네의 정신 수양에는 별 도움이 안 될 듯싶네. 그러니 여기 와서 나랑 세상사도 논하고 학문도 토론함이 어떻겠나?"

고 선생님의 이 같은 말씀이 내게는 얼마나 고마운지 몰랐습니다. 그즈음 나는 마음이 무척 복잡했습니다. 과거장의 모습에서 슬픔을 맛보고 관상 공부에 희망을 품었으나 내 관상이 안 좋아 그저 마음 좋은 사람이 되리라는 결심을 했었습니다. 그러다 동학당에 들어가 새로운 국가, 새로운 국민을 꿈꾸었습니다. 이제 와서 보면 그도 역시 바람 잡듯 헛된 일이었습니다. 지금은 안 진사의 도움으로 목숨은 지키게 되었지만 앞날을 생각하면 과연 어디다 발을 디뎌야 나아갈 길을 찾을 수 있을까 하는 생각에 가슴이 답답하던 터였습니다.

나는 이런 내 마음을 고 선생님께 모두 말씀드렸습니다.

"그러니 선생님, 제 품성을 잘 살펴보시고 좋은 점이 있다면 가르쳐 주십시오. 아니면 제 발전은커녕 선생님의 높으신 덕에 누만 끼치게 될 것입니다. 그렇게 되는 것은 원치 않습니다."

"사람이 자기를 알기도 어려운데, 어찌 남을 잘 알 수 있겠나? 자네가 마음 좋은 사람이 되려는 생각을 가졌다면 몇 번 길을 잘못 들어 실패했더라도 그 마음 변치 말고 끊임없이 고치고 나아가게. 목적지에 도달하는 날이 반드시 있을 것이네. 실패는 성공의 어머니요, 고민은 즐거움의 뿌리니, 너무 상심 말게. 나 같은 늙은이가 자네 앞길에 혹시 보탬이 된다면 그 또한 영광이 아닌가?"

고 선생님의 말씀은 내게 위안이 되었을 뿐만 아니라 굶주린 배를 채우는 것과 같았습니다.

그날부터 나는 밥을 안 먹어도 배고픈 줄 몰랐고, 고 선생님이 죽으라면 죽을 수 있을 것 같았습니다. 날마다 선생님은 세상의 위인들을 평하여 주시고, 당신이 연구하여 깨달은 것들과 책에 나오는 중요한 구절을 가르쳐 주셨습니다. 언제나 내게 보여 주기 위해 책장을 접어 두었다가 들쳐 보이곤 하셨는데, 그것만 보아도 선생님이 얼마나 열심히 나를 가르치고 있는지 알 수 있었습니다.

그렇게 매일 선생님 댁을 방문했습니다. 그러다 하루는 밤늦도록 나

랏일을 논의하던 중이었습니다.

"이러다 결국에는 왜놈에게 망하게 생겼네. 조정 대관들은 전부 외세에 아첨이나 하면서 어느 나라에 붙어야 벼슬자리에서 쫓겨나지 않을까…… 순전히 이런 생각들뿐이고, 최고 학식을 가졌다는 학자들도 혀만 차고 있으니 원. 나라가 망하는 데도 신성하게 망하는 것과 더럽게 망하는 것이 있는데, 우리나라는 더럽게 망하게 생겼네."

선생님은 혀를 차며 말씀하셨습니다.

"더럽게 망한다는 게 무슨 뜻입니까?"

"백성들이 정의를 붙잡고 끝까지 싸우다가 함께 죽는 것은 신성하게 망하는 것이요, 백성과 신하가 적에게 아부하다 꾐에 빠져 항복하는 것은 더럽게 망하는 것일세. 지금 왜놈 세력은 온 나라는 물론 대궐까지 침입하여 대신들을 제 마음대로 내쫓으니 우리나라를 제2의 왜국으로 만든 것 아니겠나? 이제 자네나 나나 죽음으로 나라에 충성하는 일만 남았네."

선생님은 슬픈 얼굴로 나를 보셨습니다. 나도 모르게 가슴 저 아래서 울컥 뜨거운 것이 치밀었습니다.

"선생님, 이 땅에서 왜놈을 몰아내고 나라가 망하지 않도록 할 방법은 없겠습니까?"

"있지. 청나라와 손을 잡는 것이네. 청나라는 작년에 청일 전쟁에서

패했으니 언젠가 복수 전쟁을 한번 벌이려 할 것이네. 적당한 인재가 있으면 청나라에 가서 사정도 조사하고 서로 연락하여 훗날 한목소리로 나서는 것이 꼭 필요한데, 자네가 한번 가 보려나?"
"저같이 어리고 어리석은 사람이 간들 무슨 도움이 되겠습니까?"
나는 놀라서 이렇게 물었습니다.
"자네 한 사람만 생각하면 그렇지. 하지만 그같이 생각하는 동지들이 많으면 청나라의 각 방면으로 들어가서 활동할 수 있지 않겠나? 지금은 누가 그런 뜻을 가진 사람인지 알 수 없으니 자네 한 사람이라도 그렇게 하는 것이 이롭겠다 싶으면 그대로 실행해 보는 수밖에."
선생님의 말씀에 감동하여 나는 곧 청나라에 가기로 결심했습니다.

6. 의병에 가담하다

    1895년 5월, 나는 집에서 부리던 말 한 필을 팔아 김형진과 함께 청나라로 향했습니다. 김형진은 안 진사 댁 사랑방에서 알게 된 참빗 장수였습니다. 그러나 예사 장수가 아니라 참빗 장수로 꾸미고 뜻에 맞는 동지를 찾아 전국을 다니는 사람이었습니다. 내가 청나라로 가겠다고 하자 그도 따라나섰던 것입니다.

    평양에 도착하여 여행 방법을 의논한 끝에 참빗 장수로 행세하기로 했습니다. 그래서 여비 전부로 참빗, 붓, 먹 등을 사서 한 짐씩 짊어졌습니다. 강동, 정평, 함흥 등을 두루 다니면서 들어보니 김이언이란 사람이 청나라의 도움을 받아 일본과 싸울 의병을 모으고 있다는 것입니다. 그 이유는, 얼마 전 국모인 명성 황후가 왜구에게 죽임을 당하였는데 이는 국민 전체의 치욕이니 참고 있을 수 없기 때문이라고 했습니다. 우리는 즉시 수소문하여 삼도구라는 곳으로 그를 찾아갔습니다.

이 집 저 집 방문하여 김이언의 *동정과 그 부하들에 대해 알아보았습니다. 이미 그의 밑에는 포수를 비롯하여 삼백 명의 의병이 모여 있었습니다. 나와 김형진은 즉시 의병에 가담해서 포수를 모으고 강계에 들어가 화약을 사 오는 일을 맡았습니다.

1895년 11월 초, 드디어 첫 거사 날이었습니다. 김이언은 먼저 강계성 입구에 있는 고산진을 쳐서 무기를 빼앗은 다음 그 무기를 가지고 강계를 공격한다는 계획을 세웠습니다. 나는 김이언에게 강계로 들어갈 방법을 물었습니다.

"강계 병영에 있는 장교들과 *내응해 두었으니 성에 들어가는 것은

동정(動靜) 사람이 일상적으로 하는 일체의 행위. 또는 일이나 현상이 벌어지고 있는 낌새.
내응(內應) 내부에서 몰래 적과 통함. 또는 적의 내부에서 몰래 아군과 통함.

문제가 없습니다."

"그렇다면 그 장교들은 순수한 애국심으로 우리와 뜻을 같이하는 것입니까? 아니면 다른 이유가 있습니까?"

나는 궁금하여 다시 물었습니다.

"언제든 청나라 군사들의 응원만 받아 오면 그들이 다 같이 행동해 주겠다고 굳세 약속하였소. 그러니 성에 들어가는 일은 매우 쉬운 일이오."

"그러면 이번에 청나라 군사들도 함께 갑니까?"

"이번에는 안 되지만, 우리가 강계를 점령하면 *원병이 온다고 했소."

나는 매우 걱정스러웠습니다. 강계 병영에 있는 장교들은 단지 청나라 군사들이 오면 그것을 보고 행동을 같이하겠다는 것이지, 의리상 하는 것이 아니기 때문입니다. 만약 우리에게서 청나라 군사들의 그림자도 보이지 않으면 정세는 뒤집어질 게 뻔했습니다. 그래서 김이언과 참모들에게 나의 생각을 말하고 다음과 같은 방법을 권했습니다.

"포수 중에 청나라 말을 잘하는 사람이 많으니, 그중 몇십 명에게 청나라 장교 옷을 입힙시다. 그 나머지는 한복을 입혀 뒤를 따르게 하지요. 심양 *자사로부터 하사받은 말을 타고 청나라 장교로 꾸민 군인에게 긴 칼을 차게 해서 선두에 서게 하면 그들도 믿을 것입니다."

원병(援兵) 도와주는 군사.
자사(刺史) 우두머리에 해당함.

"그건 안 될 말이오. 우리가 국모 죽인 원수를 갚기로 한 이상 당연히 우리 군인으로 당당히 강계성에 들어가야 합니다."

김이언은 그 자리에서 반대하고 나섰습니다.

"그렇다면 지금 우리에게 300여 명의 포수가 있으니 바로 강계성으로 쳐들어갑시다. 선발대의 숫자가 적긴 하지만 저쪽에서는 우리 뒤에 얼마나 많은 병력이 있는지 모를 것이니 충분히 이길 수 있을 것입니다."

김이언은 이번에도 내 의견에 반대했습니다. 그 때문에 하는 수 없이 김이언의 계획대로 고산진에서 무기를 빼앗고 다음 날 강계로 진군했습니다. 전군이 한밤중에 얼음 위를 밟고 건너갔습니다. 강계대 소속 장교 몇몇이 우리를 맞이하러 나와서 김이언에게 물었습니다.

"이번에 청의 군사도 함께 왔습니까?"

"우선 강계를 점령하고 통지하면 곧 청병이 올 것이오."

그러자 장교들은 고개를 설레설레 흔들면서 돌아갔습니다. 그런데 그들이 돌아가자마자 솔숲에서 포성이 울리더니 탄환이 비처럼 쏟아지기 시작했습니다. 좌우의 산골짜기에서 근 천여 명의 사람과 말 떼가 물밀 듯이 밀려 나왔습니다. 고산진을 친 것이 알려져 강계의 수비가 강화된 것이었습니다. 의병들은 비명을 지르며 여기저기 푹푹 꼬꾸라졌습니다.

이번 실패로 김이언은 다시 사람들을 모으지 못할 게 분명했습니다.

그래서 김형진과 나는 부대를 따라 퇴각하지 않고 신천을 거쳐 청계동으로 돌아왔습니다.

이 무렵 조선에서는 일본의 세력을 등에 업고 정권을 잡은 김홍집 내각이 그동안의 모든 제도를 바꿔 나가고 있었습니다. 그 하나로 단발령을 내렸습니다. 군대와 경찰은 이미 머리를 다 깎았고, 문관들과 각 군의 면장까지 단발을 실시하던 중이었습니다. 그러나 백성들이 명령에 따르지 않자 군인들이 지키고 있다가 지나가는 사람의 상투를 강제로 잘랐습니다. 그 때문에 여기저기서 단발령에 반대하는 의병이 일어나고 있었습니다.

청계동으로 돌아온 나는 고 선생님을 찾아가 청나라에 다녀온 일들을 말씀드리고 의병 일으킬 문제를 의논했습니다.

"훌륭한 생각이네. 그러나 중대한 일인 만큼 안 진사를 찾아가 상의해 보세."

고 선생님의 말씀에 따라 나는 선생님과 함께 곧장 안 진사를 찾아갔습니다.

"이길 가망도 없으면서 일어났다가는 실패할 수밖에 없습니다. 그러니 저는 천주교나 믿으면서 기회를 엿보겠습니다. 만약 지금 당장 머리를 깎아야 한다면 깎을 생각입니다."

안 진사는 뜻밖에도 이런 말을 했습니다. 나와 고 선생님은 뒤통수를 얻어맞은 기분이었습니다.

"안 진사, 오늘부터 자네와 인연을 끊네."

고 선생님은 그 말을 남기고 당장 자리에서 일어났습니다. 그 길로 선생님은 청계동을 떠나 해주로 돌아갔습니다.

나도 안 진사가 이해되지 않았습니다. 우리나라에서 일어난 동학은 토벌하고 서양 오랑캐가 하는 천주교는 믿겠다니. 당시 의리 있는 사람이라면 누구나,

'목을 자를지언정 머리카락은 자를 수 없다.'

'저승에서 머리 없는 귀신이 될지언정 이승에서 머리 깎는 사람은 되지 않겠다.'

라고 생각했습니다. 그런데 단발할 마음까지 내보이니, 이미 생각이 다른 안 진사에게 더 얹혀 지내고 싶지 않았습니다. 부모에게는 텃골로 가시라고 하고 나는 다시 청나라로 가기 위해 청계동을 떠났습니다.

백범일지

아들에게 전하는 유서, 〈백범일지〉

인·신 두 아들에게.

너희들이 아직 어리고 반만 리 먼 곳에 있어 수시로 내 이야기를 들려줄 수 없구나. 그래서 그간 내가 겪어 온 바를 간단히 적어 몇몇 동지에게 맡겨, 너희들이 아버지의 살아온 내력이 알고 싶어 할 정도로 성장하거든 보여 주라고 부탁하였다.

내가 가장 안타깝게 생각하는 것은 너희들이 장성하였으면 부자간에 서로 따뜻한 사랑의 대화로 충분할 것이지만 세상일이란 뜻대로 되는 것이 아니구나. 내 나이는 벌써 쉰셋이건만 너희들은 겨우 열 살, 일곱 살의 어린아이니 너희들이 나이와 지식이 더해질수록 내 정신과 기력은 점점 쇠퇴할 따름이다. 또한 나는 이미 왜구에게 선전 포고를 하여 언제 죽을지 모르는 몸이 아니냐.

지금 일지를 기록하는 것은 너희들로 하여금 나를 본받으라는 것이 결코 아니다. 내가 진심으로 바라는 것은 너희들 또한 대한민국의 한 국민이니, 동서고금의 많은 위인 중 가장 숭배할 만한 사람을 선택하여 배우고 본받으라는 것이다. 나를 본받을 필요는 없지만 너희들이 성장하였을 때 아버지의 살아온 내력을 알 길이 없기 때문에 이 일지를 쓰는 것이다. 다만 유감스러운 것은 오래된 사실이라 잊어버린 것이 많다는 점이다. 그러나 일부러 지어낸 것은 전혀 없으니 믿어 주기 바란다.

대한민국 11년(1929) 5월 3일
상해 법조계 마랑로 보경리 4호, 임시 정부 청사에서 아비.

7. 치하포 사건으로 감옥에 가다

치하포 사건 뒤, 곧장 고향 해주로 향했습니다. 아버지께 그동안 있었던 일을 말씀드리니 어디로든 몸을 피하라고 하셨습니다.

"제가 왜놈을 죽인 것은 사사로운 감정으로 한 일이 아닙니다. 국가적인 수치를 씻기 위해 한 일이니 당당하게 대처하겠습니다."

"그래도 살고 봐야지. 자식이라고 너 하나인데, 네가 잡혀가면 우리 집안이 어찌 되겠느냐?"

"죄송합니다. 하지만 피신할 마음이 있었다면 처음부터 그런 일을 하지 않았을 것입니다. 이미 실행한 이상 사법적인 조치가 있을 테니, 그에 따르도록 하겠습니다. 이 한 몸의 희생으로 많은 사람들을 가르치고 이끌어 줄 수 있다면 죽어도 영광된 일입니다."

"집이 흥하든 망하든 네가 알아서 해라."

마침내 아버지는 더 이상 아무 말씀도 하지 않으셨습니다.

그로부터 석 달이 지난 5월 11일 새벽이었습니다. 나는 30여 명의 순검과 사령에게 에워싸여 해주로 끌려갔습니다. 그러자 부모님도 따라 해주로 오셨습니다. 어머니는 밥을 빌어다가 먹여 주셨고, 아버지는 아는 벼슬아치들을 찾아다니며 나를 풀어 주려고 애쓰셨습니다.

한 달이나 감옥에 갇혀 있다가 첫 신문을 받았습니다.

"네가 안악 치하포에서 일본 사람을 살해하고 도적질을 하였다는데, 사실이냐?"

감리가 다짜고짜 이렇게 물었습니다.

"그런 일 없소."

"증거와 증인이 있는데 어찌 거짓말을 하느냐? 저놈이 실토하도록 형을 집행하라!"

감리의 말이 떨어지자 사령들이 내 두 발과 무릎을 묶고 다리 사이에 붉은 몽둥이 두 개를 들이밀었습니다. 한 놈이 몽둥이 한 개씩을 잡고 좌우를 힘껏 누르니 단번에 뼈가 허옇게 드러났습니다. 그런데도 입을 꾹 다물고 있다가, 결국 기절하고 말았습니다. 잠시 형을 중지하고 내 얼굴에 찬물을 끼얹었습니다. 깨어나자 같은 질문을 다시 했습니다.

"나는 도적질한 일이 없소. 체포장을 보면 나는 정치범이니 여기서 처리할 수 없는 사건이 아니오? 내무부에 보고만 하여 주시오."

내가 이렇게 말하자 그들은 더 이상 아무 말도 하지 않고 다시 하옥

시켜 버렸습니다.

 그때로부터 근 두 달이 지난 7월 초, 인천 감리영에서 네댓 명의 순검이 해주로 와서 나를 데려갔습니다. 그러자 아버지는 고향으로 가셨습니다. 집과 살림살이를 다 팔아 인천이든 서울이든 내가 가는 대로 따라다니며 지켜볼 작정이셨습니다. 어머니만 나를 따라서 인천으로 오셨습니다.

 인천으로 가는 도중 길가 무덤 옆에서 잠시 쉬게 되었습니다. 무덤 곁에 세워 둔 비문을 보니 '효자 이창매의 묘'라 새겨져 있었습니다.

근처 사람과 순검들이 그에 대한 얘기를 들려주었습니다.

이창매는 그의 아버지 장례 뒤에도 내내 비바람을 맞으며 지극한 정성으로 산소를 모셨다고 합니다. 얼마나 극진히 모셨던지, 묘 앞의 신 벗은 자리에서부터 절하는 자리까지 한 발자국 한 발자국 걸어갔던 자국과 무릎 꿇었던 자국 그리고 향로와 향합 놓았던 자리에 영영 풀이 나지 않았다고 합니다. 사람들이 그 움푹움푹 패인 자리를 흙으로 메우면 바로 천둥이 치고 큰비가 내려 그 흙들을 씻어 내곤 했다는 것입니다.

부모가 돌아가신 뒤까지 그렇듯 효의 흔적을 남겼으니, 살아 계셨을 때는 그가 어떠했을지 짐작이 가고도 남았습니다. 나는 내 뒤를 허둥지둥 따라다니시느라 넋이 다 빠져서 하염없이 한숨만 짓고 계시는 어머니를 차마 뵐 수가 없었습니다. 그 무덤을 떠날 때는 마음속으로 수없이 그에게 절하였습니다.

나진포에서 육로는 끝이 나고 배를 타게 되었습니다. 달빛이 없어 천지가 캄캄하고 물소리밖에 들리지 않았습니다. 강화도를 지날 때쯤, 순검들이 잠든 사이 어머니는 뱃사공도 듣지 못할 만큼 작은 소리로 말씀하셨습니다.

"네가 이제 가서는 왜놈 손에 죽을 테니, 오늘 맑고 맑은 이 물에 함께 빠져 죽자. 그래서 귀신이 돼서라도 우리 모자 같이 다니자꾸나."

"어머니, 저 죽지 않습니다. 나라를 위해 원수를 죽였으니 하늘이 도우실 테지요. 절대 죽지 않습니다."

뱃전으로 잡아끄는 어머니께 나는 다부지게 말했습니다. 그래도 마음을 돌리지 않아 거듭 말씀드렸습니다. 그제야 어머니는,

"네 아버지와도 약속했다. 네가 죽는 날, 우리 둘 다 같이 죽자고."

어머니는 이렇게 말하고 하늘을 향해 두 손을 비비며 소리를 낮추어 *축원을 하셨습니다.

인천 감옥으로 들어가자마자 나는 도둑 죄수들과 함께 긴 *차꼬에 꼼짝없이 발을 묶이게 되었습니다. 감옥 안이 더러운데다 찌는 듯이 더운 여름철이라 그만 장티푸스에 걸리고 말았습니다. 너무 고통스러워 동료 죄수들이 잠든 사이 이마 위에 손톱으로 '충' 자를 새기고 허리띠로 목을 졸랐습니다. 목숨이 끊어졌거니 했는데, 잠시 뒤 정신이 들었습니다. 동료 죄수들이 고함을 치며 죽는다고 야단이었습니다. 내가 정신을 잃으면서 격렬하게 요동쳐서 긴 차꼬에 나란히 발이 묶여 있던 그들도 덩달아 고통을 당했기 때문입니다.

그 뒤로는 병으로 죽든지 원수에게 죽든지 저절로 죽는 것은 어쩔 수 없지만, 자살하는 것은 옳지 않다고 생각하게 되었습니다. 그러는 사이 열은 내렸으나 보름 동안 음식을 입에 대지 못했습니다. 그렇게 기운이 빠질 대로 빠져 있을 때, 신문을 받게 되었습니다.

'해주에서 다리뼈가 다 드러나는 고통을 당하면서도 사실대로 말하

축원(祝願) 희망하는 대로 이루어지기를 마음속으로 원함.
차꼬 죄수를 가두어 둘 때 쓰던 형구.

지 않은 것은 내무부에 가서 대관들을 향해 내 뜻을 밝히기 위해서였다. 그러나 이제 병으로 죽게 됐으니, 여기서라도 왜놈 죽인 이유를 분명히 밝히고 죽어야겠다.'
 이처럼 마음을 굳게 먹고 간수의 등에 업혀 경무청으로 들어갔습니다. 경무관은 법정 위에 앉아 순서대로 성명과 주소, 나이를 묻고 신문

에 들어갔습니다.

"네가 안악 치하포에서 일본인을 살해한 일이 있느냐?"

"국모의 원수를 갚기 위해 왜구 한 명을 때려죽인 사실이 있소."

그 순간 법정 안이 조용해졌고, 경무관들은 일제히 얼굴을 들고 서로를 쳐다봤습니다. 내 옆 의자에는 와타나베라는 왜놈 순사가 걸터앉

아 있었는데, 갑자기 법정 안이 조용해지자 통역관에게 그 이유를 묻는 것 같았습니다.

"이놈! 국제 공법 어디에 국가 간의 화친 조약을 체결한 뒤 그 나라 임금을 시해하라는 조문이 있더냐? 이 개 같은 왜놈아! 어찌하여 너희들은 우리 국모를 시해했느냐? 내가 죽어서라도 이 원수를 갚아 나라의 치욕을 씻을 것이다!"

나는 와타나베를 향해 온 힘을 다해 소리쳤습니다. 겁이 났던지 그는,

"*칙쇼! 칙쇼!"

라고 외치며 뒷문으로 사라져 버렸습니다. 법정 안에 터질 듯한 긴장감이 맴돌았습니다.

"사건이 중대하니 감리 영감께 말씀드려 직접 신문하시도록 해야겠습니다."

심문관들이 속삭이는 소리가 들렸습니다.

조금 뒤, 감리사 이재정이 들어와 윗자리에 앉았습니다. 나는 윗자리에 앉은 이재정에게 물었습니다.

"나는 한낱 시골의 상놈이지만 국가가 수치를 당하니 백성 된 도리로 푸른 하늘 밝은 해 아래 내 그림자가 부끄러워서 왜구 한 명을 죽였소. 그런데 이 나라에 높은 벼슬아치들이 수없이 많은데, 아직 왜인들의 왕을 죽여 복수했단 말을 듣지 못하였소. 대체 이게 어찌 된

칙쇼 일본어로, 사람이 기르는 온갖 짐승을 의미하지만, 욕으로 많이 쓴다.

일입니까?"

이재정을 비롯하여 수십 명의 참석 관리들은 얼굴이 홍당무처럼 붉어졌습니다.

경무관은 내 병이 아직 위중함을 보고 감리와 수군거리더니 다시 하옥시키도록 하였습니다. 산수의 등에 업혀 나가는데 어머니가 기쁜 빛을 띠며 나를 보고 계셨습니다.

"안심하시오. 어쩌면 이렇게 호랑이 같은 아들을 두셨소?"

나를 업고 가던 간수가 어머니를 향해 말했습니다.

그런데 감옥에 들어가서 나는 또 한 번 큰 소동을 일으켰습니다. 그들이 나를 다시 도둑 죄수 감방에 두고 차꼬를 채웠기 때문입니다.

"전에는 내 뜻을 밝히지 않았기 때문에 도둑놈으로 대우해도 가만 있었다. 하지만 오늘 내가 왜놈을 죽인 이유를 밝혔는데도 이렇듯 도둑놈으로 취급하느냐? 너희 관리 무리들이 왜놈을 기쁘게 하기 위해 나에게 이런 대우를 하느냐?"

나는 소리소리 지르며 호통을 쳤습니다. 그러자 경무관이 달려와 당장 차꼬를 풀고 좋은 방으로 옮겨 주었습니다. 그때부터 나는 감옥 안의 왕이 되었습니다.

"좀 전에 경무관이라는 분이 찾아와서 돈 150냥을 주며 너에게 보약을 지어 먹이라는구나. 여기저기서 네 칭찬이 대단하단다."

면회를 온 어머니가 밝은 얼굴로 말씀하셨습니다.

다음 날부터 옥문 앞에 내 얼굴을 보려고 면회를 청하는 사람들이 하나 둘 생기기 시작했습니다. 그러던 차에 제2차 신문을 맞게 되었습니다.

그날도 역시 간수의 등에 업혀 옥문을 나섰습니다. 사방을 살펴보니 길에는 사람이 가득 찼고, 경무청 안에는 각 관청의 관리와 항구의 세력 있는 이가 다 모인 모양이었습니다. 담장 꼭대기며 지붕 위까지 경무청 뜰이 보이는 곳은 어디나 사람들이 올라가 있었습니다.

"오늘도 왜놈이 왔으니 기운껏 호령을 하시오."

법정 안에 들어가 앉자 경무관이 내 곁으로 지나가며 낮게 말했습니다. 신문이 시작되자 나는,

"전에 다 말하였으니 다시 할 말이 없소."

하고 말을 끝냈습니다. 그러고는 뒷방에 앉아 나를 넘겨다보고 있던 와타나베를 향해 목청껏 꾸짖다가 다시 감옥으로 돌아왔습니다.

그 뒤로는 면회하러 오는 사람의 수가 더욱 많아졌습니다. 면회 올 때는 음식을 정성스럽게 준비하여 한 상씩 들여보내 주었습니다. 나는 그 정성에 감동하여 그들이 보는 데서만 몇 점 먹고 죄수들에게 차례로 나눠 주었습니다. 그때의 감옥 제도는 죄수에게 날마다 규칙적으로 음식을 주는 게 아니라 죄수들이 일해서 짚신이라도 삼으면 그걸 내다 팔아 죽이나 쑤어 먹는 판이었습니다. 그 때문에 굶주림에 허덕이던 죄수들은 나를 세상에 다시없는 성인군자라고 칭찬하고 따랐습니다.

8. 사형수, 고종 특사로 살아나다

세 차례의 신문이 끝나고 판결을 기다리는 동안 감옥 생활은 나름대로 바빴습니다. 아버지께서 〈대학〉 한 질을 사 넣어 주셨으므로 매일 읽고 외웠습니다.

인천항은 우리나라에서 제일 먼저 개항된 곳이라 *구미 각국에서 들어온 거주자와 여행객들이 있었고, 각 종교당도 설립되어 있었습니다. 우리나라 사람 중에서도 간혹 외국으로 장사하러 다니면서 신문화를 배워 오기도 했습니다.

"문을 굳게 닫아걸고 자기 것만 지키려다가는 나라를 구할 수가 없소. 세계 각국의 정치나 문화, 경제, 교육 같은 것이 어떠한지를 알아보고, 내 것보다 좋으면 받아들여 우리 것으로 만들어야지요. 그래서 이 나라와 백성을 이롭게 하는 것이 진정한 영웅의 할 일이오. 그러니 창수와 같이 의기 있는 남자는 마땅히 신지식을 공부하여 장

구미(歐美) 유럽과 미국을 아울러 이르는 말.

래 국가에 큰일을 해야 하오."

감리서 직원 중 한 사람이 내게 신서적들을 갖다 주며 말했습니다.

나는 죽는 날까지 글이나 실컷 보리라 생각하고 그 책들을 손에서 놓지 않았습니다. 그러는 동안 지금까지 외국이라면 무조건 배척했던 것이 모두 옳지만은 않다는 생각이 들었습니다. 의리는 유학자들에게 배우고, 문화와 제도는 세계 각국에서 좋은 점을 택하는 것이 국가에 이익이 되겠다 싶었습니다. 그러자 고 선생님이 청나라만 쫓던 것이나 안 진사가 양학을 따른다고 절교한 일이 그리 잘한 일 같지 않았습니다.

그다음으로 한 일은 죄수들에게 글을 가르치는 것이었습니다. 당시 감옥에 함께 갇혀 있던 이들이 100명 가까이 되었습니다. 그들 중 열에 아홉은 글을 몰랐습니다. 그러니 나라가 무엇인지, 지금 형편이 어떠한지, 그런 나라를 위해 무엇을 해야 할지 모르는 것은 당연한 것이었습니다. 그래서 글을 가르쳤지만 뒷날 요긴하게 쓸 마음보다는 날마다 나에게 음식을 얻어먹은 것에 대한 감사의 표시로 배우는 척만 하는 이가 많았습니다. 그러나 차차 배우는 것이 재밌어졌는지 감옥 곳곳에서 글 읽는 소리가 끊이지 않았습니다. 그 때문에 어느 날은 신문에 '김창수가 들어간 뒤, 인천 감옥은 감옥이 아니라 학교'라는 기사가 실리기도 했습니다.

다른 한편으로 죄수들에게 소장을 써 주기도 했습니다. 그렇게 해서 풀려나는 죄수가 많아지자 '김창수가 쓴 소장은 거의 다 소송에서 이

긴다.'라고 소문이 퍼져 옥내는 물론이고 심지어 관리들까지 모여들었습니다. 게다가 돈 한 푼 들이지 않고 소장을 쓸 수 있으니 죄수들은 너나없이 좋아했습니다. 한번은 감옥을 지키는 간수가 죄수의 돈을 빼앗은 일이 있었습니다. 그 얘기를 듣고 내가 호소문을 써서 올려 그 간수가 쫓겨나게 되었습니다. 그 뒤로 간수들이 죄수의 돈을 빼앗거나 함부로 하지 못했습니다.

이렇듯 바쁘게 감옥 생활을 하던 중, 하루는 〈황성신문〉을 보다가 깜짝 놀랐습니다. 8월 26일에 나를 교수형에 처한다는 기사가 실려 있었던 것입니다. 그 뒤로 감리서가 술렁거리고 내게 마지막 인사를 하겠다는 면회자들이 줄을 이었습니다.

"우리는 김 *석사가 당연히 살아 나올 줄 알았소! 그런데 이것이 웬 날벼락이란 말이오?"

그들은 이렇게 말하며 눈물을 흘렸습니다. 나는 그들을 위로하여 보내고 〈대학〉을 외우곤 했습니다.

드디어 1896년 8월 26일.

나는 아침밥에 점심밥까지 잘 먹고 죽음에 대한 마음의 준비도 하지 않고 담담하게 앉아 있었습니다. 그런데 내게 음식을 얻어먹던 죄수들, 글을 배우던 감옥 제자들, 또 소송에 대한 지도를 받던 여러 죄수들이 모두 슬피 울었습니다. 그들이 슬퍼하는 모습을 볼 수 없어 나는 〈대학〉만 읽고 또 읽었습니다.

석사(碩士) 벼슬 없는 선비를 높여 부르는 말.

이윽고 교수대로 끌려 나갈 시간이었습니다. 인천 옥에서는 사형 집행을 늘 오후에 했습니다. 그런데 시간이 지났는데도 아무 소식이 없어 그럭저럭 저녁밥까지 먹었습니다.

"창수는 특수 죄라 야간 집행을 하려나 보오."

동료들이 말했습니다.

오후 8시쯤 되어서였습니다. 밖이 떠들썩하고 여러 사람의 발자국 소리가 나더니 옥문이 열렸습니다.

'이제 때가 되었구나!'

나는 마음을 다잡고 조용히 앉아 기다렸습니다. 동료 죄수들은 내 얼굴을 보며 마치 자기가 죽으러 가는 듯 부들부들 떨었습니다.

"김창수, 어느 방에 있소?"

"여기 있소!"

"아이구, 이제 당신은 살았소! 우리 감리서며 각 청사 직원들은 아침부터 지금까지 밥 한 술 못 먹고, 어찌 차마 우리 손으로 창수를 죽이겠냐며 서로 한탄만 하였소. 그랬는데 지금 황제 폐하께옵서 집무실 전화로 김창수의 사형을 정지하라는 *칙명을 내리셨소. 창수는 이제 살았소!"

감리서 직원은 자기 일인 양 기뻐했습니다. 나는 내내 눈서리가 내리다가 갑자기 봄바람이 부는 듯하였습니다.

그동안 전화는 경성에만 설치되어 있었습니다. 그러다 3일 전에야

칙명(勅命) 임금이 내린 명령.

처음으로 인천에 전화를 설치했는데, 설치하고 나서 첫 전화가 바로 황제 폐하의 전화였습니다. 사람들은 만약 오늘까지 전화가 설치되지 않았다면 나는 바로 사형되었을 거라고들 했습니다.

"우리 관리들뿐 아니라 오늘 전 항구의 객주 32명이 긴급회의를 하고 통지문 돌리는 것을 보았소. 집집마다 몇 사람씩이든 되는 대로 김창수의 교수형을 구경 가되, 각자 엽전 한 냥씩 준비하여 오라 하였소. 그렇게 모은 돈으로 한 사람의 몸값을 쳐주되, 부족한 액수는 32명의 객주가 담당하여 김창수를 살리자고까지 하였소. 그런데 이렇듯 *천행으로 살았으니 아마 궐내에서 곧 *은명이 계실 테니 아무 염려 말고 계시오."

감리서에서 나온 주사가 덧붙였습니다.

감옥 안은 그새 잔치 분위기였습니다. 벌벌 떨던 동료 죄수들은 *신골방망이로 차꼬를 두들기면서 온갖 노래를 부르며 춤을 추었습니다.

황제 폐하께서 친히 내린 명령으로 사형이 정지되었다는 소문이 퍼지자 이번에는 축하하러 오는 사람들이 줄을 이었습니다. 나는 아예 옥문 안에 자리를 깔고 앉아 며칠 동안 손님을 맞이하였습니다.

천행(天幸) 하늘이 준 큰 행운.
은명(恩命) 임금이 내리는 명령 가운데 관리를 임명하거나 죄를 용서하는 따위의 은혜로운 명령.
신골방망이 신을 만드는 데 사용하는 골(틀)을 칠 때 쓰는 둥글고 기름한 방망이.

9. 탈옥

어느 날, 감리서 주사가 옷 한 벌을 가지고 왔습니다.

"강화도 사는 김주경이란 사람이 보냈소. 그가 면회 오거든 이 옷을 입고 만나 보시오."

얼마 뒤, 주사의 말대로 김주경이란 사람이 면회를 왔습니다. 나이는 마흔 가까이 되어 보이는데 얼굴이 단단해 보였습니다.

"나는 김주경이오. 얼마나 고생이 많으시오?"

그는 이렇게만 말하고 돌아갔습니다. 그런데 저녁밥을 가지고 오신 어머니가 뜻밖의 말씀을 하셨습니다.

"아까 강화에서 김주경이란 양반이 집으로 찾아오셨다. 필요한 곳에 쓰라며 돈 200냥을 주시더니 열흘 뒤에 다시 오시겠다는구나. 사람들 말로는 아주 훌륭한 분이라고 하더라."

그래서 김주경에 대해 알아보니 강화에는 두 사람의 인물이 있는데,

양반 중에서는 이건창이요, 상놈 중에서는 김주경이라고 했습니다. 대원군도 그의 인격을 알아보고 중책을 맡겼었다고 하니, 믿을 만한 사람인 모양이었습니다.

약속한 대로 김주경은 열흘 뒤에 다시 왔습니다. 그러고는 나를 살리겠다며 어머니를 모시고 경성에 있는 법부대신을 찾아갔습니다.

"대감께서 김창수의 충의를 표창하고 하루빨리 감옥에서 빼내야 합니다. 그를 본받아 장래에 많은 충의지사가 생기도록 하는 것이 대감께서 하실 일이 아니겠습니까?"

"옳은 말이네. 하지만 일본 공사가 벌써부터 김창수 사건이 국제 문제로 번질까 봐 대신들 중에 이 사건을 폐하께 아뢰는 자가 있으면 수단 방법을 가리지 않고 몰아낼 흉계를 꾸미고 있다네. 그러니 어찌할 도리가 없네."

법부대신은 별로 도움이 되지 못했습니다.

김주경은 다시 세력 있는 관리들을 찾아다니며 돈을 쓰고 협박을 하면서 내 석방 운동을 벌였습니다. 정부에 진정서를 내는가 하면, 몇 차에 걸쳐 소송을 내기도 했습니다. 그러는 사이 그의 재산은 바닥이 났습니다. 결국 소송을 중단하게 된 그는 내게 위문편지를 보냈습니다.

*조롱을 박차고 나가야 진실로 좋은 새이며

그물을 떨치고 나가야 예사스런 물고기가 아니리.

조롱(鳥籠) 새장.

충은 반드시 효에서 비롯되니,

그대여, 자식 기다리는 어머니를 생각하소서.

그는 시를 통해 나에게 탈옥을 권했지만 나는 그렇게까지 하고 싶지 않았습니다. 그래서 내 뜻을 전하면서 그동안 나를 위해 애써 준 것에 지극히 감사드린다는 답장을 보냈습니다.

그 뒤 김주경은 살림을 일으키기 위해 동지를 모으고 배를 빼앗아 해적이 될 준비를 하였으나 그전에 강화 군수한테 발각되어 블라디보스토크로 도망갔다는 이야기가 들렸습니다.

나는 옥중 생활을 계속하며 신학문을 열심히 공부했습니다. 그 무렵 함께 감옥 안에 있는 죄수 몇몇이 종종 내게 탈옥시켜 주었으면 하는 뜻을 내비쳤습니다.

"김 서방님이야 언제든지 상감께서 특전을 내리시기만 하면 나가서 귀하게 되시겠지요. 그렇지만 서방님이 나가시면 간수들의 포악함이 심해질 텐데 우리가 어찌 10년 기한을 다 채우고 살아 나갈 수 있겠습니까? 우리들이 불쌍치도 않습니까? 그동안 가르치심을 받아 국문 한 자 모르던 것이 이제는 국한문 편지를 쓰게 되었습니다. 만일 살아 세상에 나간다면 죽을 때까지 보배롭게 쓰겠지만, 여기서 죽는다면 공부한 것이 다 무슨 소용이겠습니까?"

하루는 조근덕이란 죄수가 와서 눈물을 흘리며 이렇게 말했습니다.

그때부터는 나도 모르게 마음이 흔들리기 시작했습니다.

'나를 놓아주지 않는데 언제까지나 잡혀 있다 옥에서 죽는 것이 정말 옳은가? 왜놈을 죽인 것이 우리 국법에 범죄 행위로 인정된 것은 아니잖은가. 폐하께서도 사형 중지 명령을 내렸으니 나를 죄인으로 생각지 않는 것이 분명하다. 경성 각 관아에 소송하여 받아 낸 제지들만 보아도 나를 죄인이라고 말한 곳은 한 군데도 없었다. 김주경 같은 사람은 자신의 전 재산을 없애 가며 나를 빼내려 했다. 나를 죽이려 애쓰는 놈은 오직 왜놈들뿐이다. 그런데 그놈들 즐겁게 하려고 내가 옥에서 죽는다는 건 아무 의미도 없지 않겠는가?'

생각 끝에 나는 결국 탈옥하기로 결심했습니다. 즉시 조덕근을 불렀습니다.

"집에서 밥 가지고 오는 하인 편에 편지를 보내서 돈 200냥만 가져다가 몸에 감추어 두게."

그러자 그날로 조덕근의 집에서 200냥을 감옥으로 가져왔습니다. 한편 나는 아버지를 옥문 밖으로 오시라 해서 새 옷 속에 세모난 쇠창 하나를 넣어 달라고 부탁드렸습니다. 아버지는 무슨 일을 꾸미는 줄 짐작하시고 얼른 준비해 주셨습니다.

1898년 3월 9일, 오후가 되자 나는 간수를 불러 돈 150냥을 주었습니다.

"죄수들에게 한턱낼 것이니 쌀과 고기, 모주 한 통을 사다 주게."

전에도 종종 그랬으므로 간수는 흔쾌히 내 부탁을 들어주었습니다. 나는 또 그날 밤에 감방을 지킬 간수도 불렀습니다. 그는 아편쟁이였습니다.

"50전어치 아편을 사서 밤에 실컷 피우시오."

그는 매우 기뻐했습니다.

죄수들은 굶주렸던 터라 그날 밤, 고깃국과 모주를 실컷 먹고 마셨습니다. 흥이 오를 즈음이었습니다.

"이보, 간수! 기분이 좋으니 저쪽 방에 소리나 시켜 들읍시다."

내가 말했습니다.

"김 서방님 듣게 너희들 장기대로 노래를 불러라."

간수의 말에 죄수들이 너도나도 노래하느라고 야단이었습니다. 간수는 자기 방에서 아편을 실컷 피우고 정신이 흐릿하여 까무러져 있었습니다. 나는 도적 방과 잡범 방을 오가며 놀다가 틈을 타서 마루 밑으로 들어갔습니다. 깔아 놓은 벽돌을 창끝으로 들추고 땅속을 파서 감옥 밖으로 나섰습니다. 감옥 담 넘을 줄사다리를 매어 놓고 다시 들어가 함께 탈옥할 죄수 네 명에게 눈짓을 했습니다. 차례로 내보내고 뒤따라가 보니 네 명은 옥담 밑에서 벌벌 떨기만 할 뿐 감히 넘어갈 엄두를 못 내고 있었습니다. 한 명씩 담 바깥으로 내보내고 내가 마지막으로 담을 넘으려는데, 먼저 간 죄수들이 송판으로 둘러막은 곳을 넘느라고 요란한 소리를 내고 말았습니다. 그 바람에 경무청과 순검청에서

즉시 비상소집 호각을 불어 댔고, 옥문 밖에서는 벌써 그들의 발자국 소리가 요란했습니다.

   나는 잠시 망설였습니다. 감옥 안에 있었다면 아무 상관이 없었겠지만, 이미 담 밑에까지 나온 뒤였습니다. 이제 어떻게든 도망치는 수밖에 없었습니다. 나는 긴 막대기를 짚고 몸을 솟구쳐 담을 넘었습니다. 내 앞길을 방해하는 자가 있으면 죽기 살기로 싸울 작정으로 쇠창을 손에 들고 정문으로 걸어갔습니다. 다행히 정문을 지키던 파수병도 비상소집에 갔는지 아무도 없었습니다. 나는 정문으로 당당히 인천 감옥을 빠져나왔습니다.

   내 나이 스물 셋으로 감옥에 들어온 지 2년 만이었습니다.

10. 마곡사의 승려가 되다

감옥에서 탈출한 나는 이 집 저 집에서 얻어먹으며 경성으로 향했습니다.

"죽을 때까지 잊지 못할 은혜를 입었습니다. 출옥하면 부디 연락해 주십시오. 그럼 달려와 만나겠습니다."

감옥에서 나에게 신세진 사람들이 간절히 부탁하던 말이 떠올랐기 때문이었습니다.

내가 찾아가자 그들은 서로 연락하여 매일 맛난 음식을 대접했습니다. 떠날 때는 여비를 한 짐이나 지워 주었습니다. 남의 눈도 피할 겸 그날로 세상 구경에 나섰습니다. 이리저리 다니며 감옥에서 함께 고생한 사람들도 만나고, 그동안 소식이 궁금했던 사람들도 찾아다녔습니다.

그렇게 떠돌다 충청도 계룡산 갑사에 도착한 것은 9월경이었습니

중건(重建) 절이나 왕궁 따위를 보수하거나 고쳐 지음.
상좌(上佐) 스승의 대를 이을 여러 중 가운데서 가장 높은 사람.

다. 절에서 점심을 사 먹었는데, 공주에 사는 이 서방이라는 남자와 함께 먹게 되었습니다. 초면인데도 이야기가 잘 통했습니다.

"여기서 40여 리(약 1만 5,709m)를 더 가면 마곡사란 절이 있으니 같이 그 절 구경이나 갑시다."

이 서방의 말에 나는 당장 따라나섰습니다.

마곡사는 고려 보조 국사 지눌이 *중건한 절로, 유서 깊은 절이었습니다. 종일 걸어서 마곡사 남쪽 산꼭대기에 오르니, 황혼 무렵에 온 산에 단풍잎은 누릇누릇 불긋불긋하였습니다. 가을바람에 나그네의 마음은 슬프기만 한데, 저녁 안개가 산 밑에 있는 마곡사를 마치 자물쇠로 채운 듯이 둘러싸고 있었습니다. 그 풍경을 보니 나같이 온갖 *풍진 속에서 오락가락하던 자의 더러운 발은 싫다고 거절하는 듯하였습니다.

마곡사에 도착해 저녁밥을 다 먹고 앉아 있으니 하은당이란 백발 노승이 나와 공손히 인사를 했습니다.

"저는 개성 출생으로, 일찍이 부모를 여의었지요. 도와줄 만한 가까운 친척 하나 없는 외로운 몸이라 한가롭게 유람을 하는 중입니다."

내 말에 하은당은 자신의 *상좌가 되기를 청하였습니다.

"저는 본래 학식이 모자라고 *재질이 둔합니다. 노스님께 누를 끼칠 듯해 주저됩니다."

"내 상좌가 되면 *고명한 대사에게 불교에 관한 여러 학문을 배워

풍진(風塵) 세상에서 일어나는 어지러운 일이나 시련.
재질(才質) 재주와 기질을 아울러 이르는 말.
고명(高明) 식견이 높고 사물에 밝음.

장래 큰스님이 될 수도 있습니다."

노승은 더욱 힘써 권하였습니다.

하룻밤을 지낸 뒤에 보니 이 서방은 이미 삭발하고 중이 되어 있었습니다. 결국 나도 중이 되기로 했습니다. 그러자 은사 하은당이 내 법명을 '원종'이라고 지어 주었습니다. 그런데 바로 전날 밤만 해도 자기 상좌가 되어 달라며 지극히 공손하던 하은당은,

"얘, 원종아! 너는 생긴 것이 미련스러워서 고명한 중은 못 되겠다. 얼굴이 어쩌면 저다지도 못생겼을까? 어서 나가서 물도 긷고 나무도 쪼개거라."

하며 종처럼 부려 먹었습니다. 어이가 없었지만 따르는 수밖에 없었습니다.

하루는 앞개울에 가서 물을 지고 오다가 물통 한 개를 깨뜨렸습니다. 그러자 하은당이 어찌나 야단을 치던지, 보다 못해 보경당 노스님께서 한탄을 하셨습니다.

"전에도 다른 사람들은 다 괜찮다 하여 상좌로 데려다 주면 못 견디게 굴어서 다 내쫓았는데, 이번 원종이도 잘 가르치면 쓸 만하겠구먼…… 또 저 모양으로 못살게 하니 며칠이나 붙어 있을까?"

그 말에 나는 좀 위로가 되었습니다. 또 하은당의 성품을 알고 있는 용담 스님도 불학에서 중요한 것들을 모아 놓은 〈보각서장〉을 가르치다가 종종 내게 위로의 말씀을 주셨습니다.

"달을 보되 그 달을 가리키는 손가락은 생각지 말거라. 목표를 세웠으면 그걸 이루는 동안 생겨나기 마련인 자질구레한 일에는 얽매이지 말라는 뜻이니라."

그분은 칼날 같은 마음을 품으라는 '참을 인(忍)' 자를 해석해 주기도 하셨습니다.

그렇게 낮 동안에는 일을 하고 밤에는 예불 절차와 〈천수심경〉 등을 외웠습니다.

세월은 흘러 1899년 1월을 맞이했습니다. 인천 감옥을 탈출하던 날

작별한 부모님 소식도 궁금하고, 나를 구출하기 위해 애쓰다 결국 자기 몸까지 망치게 된 김주경의 소식도 궁금했습니다. 그래서 하루는 보경당 노스님에게 말씀드렸습니다.

"소승이 이왕 중이 된 이상, 중이 응당 해야 할 공부를 해야 되지 않겠습니까? 금강산으로 가서 경전의 뜻이나 연구하며 충실한 불자가 되겠습니다."

"내가 벌써 추측은 하고 있었다. 어쩔 수 있느냐? 네 원이 그렇다는데야."

보경당 노스님은 즉시 하은당을 부르셨습니다. 둘이 한참 다투더니 백미 열 말과 의발(*가사와 *바리때를 아울러 이르는 말)을 내주셨습니다. 그날부터 나는 자유였습니다. 백미 열 말을 팔아 여비를 해서 경성으로 출발했습니다.

내가 혜정이라는 젊은 중을 만난 것은 서대문 밖에 있는 새 절에서였습니다. 그는 평양 구경을 가는 길이라고 했습니다. 그와 함께 가기로 하고 평양으로 향하다 텃골에서 가까운 수양산의 북암이라는 암자에서 머물게 되었습니다. 나는 혜정에게 내 사정을 이야기했습니다.

"텃골에 가서 비밀리에 부모님을 만나 주시오. 안부만 물어보고 내가 건강하다는 말씀을 드리되 지금 있는 곳은 알려 드리지 마시오."

혜정은 내 부탁을 흔쾌히 들어주었습니다.

그가 오기만 기다리던 중, 4월 29일 저녁 무렵이었습니다. 혜정의

가사(袈裟) 중이 장삼 위에 왼쪽 어깨에서 오른쪽 겨드랑이 밑으로 걸쳐 입는 옷.
바리때 나무로 만든 중의 밥그릇.

 뒤를 따라 부모님이 북암으로 들어오셨습니다. 혜정을 따라가면 나를 만날 수 있을 것 같아 무조건 뒤따라오셨던 것입니다. 세 식구가 다시 만나니 기쁘기도 하고 슬프기도 하여 서로 붙들고 눈물을 흘렸습니다.
 "다시는 떨어질 수 없다. 살아도 함께 살고, 죽어도 함께 죽어야겠다."
 부모님 뜻에 따라 나는 부모님을 모시고 혜정과 함께 평양 구경을 나섰습니다.

 평양에서였습니다. 관동 골목을 지나면서 어느 집 사랑을 보게 되었는데, 학자가 무릎을 개고 단정히 앉아 있었습니다. 그와 몇 마디 얘기를 주고받았습니다. 알고 보니 그는 최재학으로, 훗날 안창호, 박은식, 이동휘 등과 서북 학회라는 애국 계몽 단체를 조직한 사람입니다.

 그는 옆에 앉은 전효순이라는 평양 진위대의 장교를 소개해 주었습니다.

 "이 대사님은 도리가 고상하니, *영천사 *방주 자리를 내어 주시면 자제들과 외손자들의 공부에 매우 유익하겠습니다. 영감의 의견은 어떻습니까?"

 최재학이 나를 가리키며 전효순에게 물었습니다. 그러자 그는 기뻐하며 그 길로 '영천암 방주를 임명한다.'는 첩지를 받아 와서 당장 취임할 것을 청하였습니다.

 부모님을 모시고 구걸하러 다니기도 죄송스러운 일이었는데, 마침 잘되었다고 생각했습니다. 게다가 학자와 같이 지내면 내 학식에 많은 도움이 될 것 같아 최재학을 따라 평양 서쪽에 있는 대보산 영천암으로 갔습니다. 그날부터 조용한 방에 부모님을 모시고, 나는 아이들을 가르치며 지냈습니다.

 전효순은 공부하는 아이들을 위해 종종 고기를 보내 주었습니다. 나는 승복을 입은 채 드러내 놓고 고기를 먹었고, 염불 대신 시를 외웠습

영천사 평남 대동군 대보면 대보산에 있는 사찰.
방주 절의 업무를 주관하는 스님.

니다.

그러던 어느 날, 대보산 앞 내촌에 있는 서당의 훈장이 아이 수십 명과 시인 몇 명을 데리고 술과 안주를 장만해서 절을 찾아왔습니다. 그런데 그들의 태도가 몹시 거만했습니다. 술이 반쯤 취하자 훈장부터 시작해 모여 앉은 시인들이 돌아가며 시를 짓거나 쓰면서 큰 소리로 낭송했습니다. 나는 시를 전공하지 않았으나 최재학을 만나 같이 다니면서 당시 평양에서 이름 있는 이들과 사귀며 시를 약간은 공부한 터였습니다.

"소승도 *시축의 끝자리에 끼워 주실 수 있겠습니까?"

내가 이렇게 청하자 훈장은 특별히 허락하였습니다. 그 당시 지은 시의 처음과 끝은 잊어버렸지만, 가운데쯤에 이런 구절이 있었습니다.

유가 천 년이면 불가도 천 년이요
내가 보통이면 그대들도 보통이다.

그들의 얼굴에 기분 나쁜 표정이 그대로 드러났습니다. 그때 평양에 갔던 최재학 일행이 돌아와 써 놓은 시들을 구경했습니다. 그러다 내 시를 보고는 모두 합창하듯 손뼉을 치며 걸작이라 칭찬했습니다. 그 바람에 훈장과 시인들의 당당하던 *호기는 쑥 들어가고 말았습니다. 나중에 들으니, 이 소식이 평양에 전해져서 내 시가 기생들의 노래 곡조로 불렸다고 합니다. 이런 이유로 평양에서는 나를 '걸시승 원종'이

시축(詩軸) 시를 적는 두루마리.
호기(豪氣) 씩씩한 의기. 또는 꺼드럭거리는 기운.

라는 별명으로 불렀습니다.

  그 뒤 나는 장발승으로 지냈습니다. 아버지가 다시 삭발하는 것을 허락하지 않는데다 나도 중노릇을 계속할 마음이 없었기 때문입니다. 그래서 *치마머리로 상투를 틀고 선비 옷으로 갈아입고 부모님과 함께 고향인 해주 텃골로 돌아왔습니다.

치마머리   머리털이 적은 남자가 상투를 짤 때에 본머리에 덧둘러서 감는 딴머리.

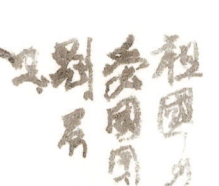

11. 백범을 지도자로 만들려는 사람들

1900년 2월, 강화로 김주경을 찾아갔습니다. 그러나 김주경의 행방은 알 길이 없고, 그의 셋째 동생인 진경이가 나를 맞아 주었습니다.

"어디 사시는 뉘신데 우리 형님을 찾으십니까?"

"연안에 사는 김두래라고 합니다. 당신 형님과는 친구 사이로, 수년간 소식을 몰라 찾아왔소."

나는 인천 감옥을 나온 뒤부터 김창수란 이름 대신 다른 이름으로 행세하고 있었습니다. 진경은 내 말을 그대로 믿고 형에 대해 아는 대로 자세히 말해 주었습니다.

"형님이 집을 나간 지 벌써 3~4년이 지났습니다. 여태 소식 한 장 없고 집안은 망해 남은 것이 하나도 없습니다. 그래서 제가 형님 집에 들어와 형수를 모시고, 조카도 키우고 있습니다."

그 집은 초가일망정 처음에는 제법 화려하고 멋지게 잘 지은 집이었습니다. 그러나 수리를 하지 않아 지금은 낡을 대로 낡아 허물어질 지경이었습니다. 김주경이 앉았던 부들방석과 그가 직접 사용하던 나무 방망이가 벽 위에 걸려 있었습니다. 그 방망이는 동지 중에 신의를 저버린 자가 있으면 친히 징벌할 때 쓰던 것이라고 했습니다. 진경이가 그 방망이를 가리키면서 지난 일을 들려주었습니다.

어렵게 김주경을 찾아왔으나 집에서조차 소식을 모르니 그냥 돌아갈 수밖에 없었습니다. 그러나 차마 발이 떨어지질 않았습니다.

"그냥 가기가 매우 섭섭하네. 사랑에서 조카에게 글자나 가르치면서 형님 소식을 같이 기다리면 어떻겠나?"

내 말에 진경은 매우 감격해했습니다.

김주경의 아들 윤태를 가르치는 동안 여기저기서 아이들이 모여들어 30여 명이나 되었습니다. 그렇게 석 달이 지난 어느 날이었습니다.

"그런 사실이 없다고 답장을 했는데도 사람을 또 보내다니……. 나더러 어쩌란 말인지, 원."

진경이가 경성에서 온 편지 한 장을 보면서 중얼거렸습니다.

"대체 무엇을 보고 그러는가?"

"유완무라고 전에 여기 살면서 형님과 친하게 지낸 사람입니다. 그때 형님은 왜놈을 죽이고 인천 감옥에 갇혀 있는 사형수 김창수를 구하기 위해 우리 집 재산을 있는 대로 다 털어 가며 애를 썼지요. 나중에 들으니 김창수는 감옥을 탈출해 도주하였답니다. 그런데 유완무는 그 김창수가 오거든 알려 달라고 성화입니다. 이 편지를 가지고 온 이춘백이란 사람은 믿을 만한 사람이니 의심하지 말고 자세히 알려 달라는 겁니다."

그 말을 들으니 온몸에 소름이 돋았습니다. 나를 잡으려는 정탐꾼이 아닌가 싶으면서도 한편으로 유완무란 사람의 본뜻을 알고 싶기도 했습니다.

이튿날, 덩치가 좋은 한 남자가 찾아왔습니다. 얼굴에 얼금얼금 마마 자국이 있고 나이 서른 남짓 되어 보였습니다. 그 남자는 진경이와 옆방으로 가서 이야기했습니다.

"유완무 그 양반, 참으로 생각이 없는 사람 아닙니까? 형님도 안 계신데 김창수가 왜 내 집에 오리라 생각하고 그렇게 여러 번 편지를 합니까?"

진경이가 퉁명스럽게 물었습니다.

"우리는 김창수를 구하기 위해 13명의 모험대를 조직했었네. 인천항 곳곳에 석유를 한 통씩 지고 들어가 불을 지른 뒤, 소란을 틈타 감옥을 깨고 김창수를 구출하려고 했지. 그런데 거사일 사흘 전에 김창수가 탈옥을 했잖은가. 그가 갈 곳이 어디 있겠나? 고향인 해주나 여기 둘 중 한 곳이라고 우리는 믿는다네. 그에게서 온 소식은 정말 없는가?"

"편지 한 장 없었습니다. 편지를 하고 회답을 기다릴 것 같으면, 차라리 자기가 직접 왔을 터이지요."

두 사람이 하는 말을 들으니 유완무란 사람을 만나 보아야 할 것 같았습니다. 그래서 다음 날 아침, 진경에게 떠나야겠다고 말했습니다.

"갑자기 떠나시겠다니 그게 무슨 말씀입니까? 제가 무슨 잘못한 일이라도 있습니까? 잘못이 있다면 형님을 생각하셔서 너그럽게 용서해 주십시오."

"이렇게 된 이상 내 어찌 더 숨기겠나. 사실은 내가 바로 김창수일세. 어제 자네가 이춘백과 하는 얘길 들었네. 아무래도 유완무라는 친구를 만나 봐야 할 것 같아서 그러네."

진경은 깜짝 놀라면서도 한편으로 무척 반가워했습니다. 내가 좀 더 자세한 얘기를 들려주자 그는 위험하니 당장 떠나라고 재촉했습니다.

그날로 나는 이춘백과 함께 서울에 있는 박태병 진사의 집에 도착했습니다. 거기서 유완무를 만났습니다. 키는 작았지만 얼굴은 햇빛에 그을려 가무잡잡하고, 망건에 검은 갓을 쓰고 옷을 검소하게 입고 있었습니다.

"오시느라 무척 고생하셨소. '남아가 어디에 있든지 만날 수 없으랴.' 라는 말이 오늘 창수 형에게 비유한 말인가 보오."

"강화의 김씨 댁에 있으면서, 선생이 나 때문에 많은 애를 썼다는 사실을 알게 되었습니다. 오늘 비로소 뵙게 되었으나, 세상에는 아주 조그마한 일도 크게 부풀려 전해지는 터라 *용두사미인 때가 많

용두사미 '용의 머리와 뱀의 꼬리'라는 뜻이나, 여기서는 소문으로 들을 때는 용이지만 만나 보면 뱀이라는 뜻.

습니다. 저 역시 그런 경우에 불과하니 매우 실망하실 것입니다."
"뱀의 꼬리를 붙잡고 올라가면 용의 머리를 볼 수 있을 테지요."
그는 웃으며 이렇게 말했습니다.

며칠 뒤, 유완무는 내게 편지 한 통과 여비를 주면서 충청도 연산 도림리에 있는 이천경을 찾아가라고 했습니다. 길을 떠나 이천경의 집에 도착해 편지를 전하니 반갑게 맞아 주었습니다. 매일 맛있는 음식을 대접받고 이런저런 이야기를 나누며 한 달여를 지냈습니다. 그런데 이번에도 이천경이 편지 한 장을 써 주며 무주 읍내에서 인삼을 재배하는 이시발에게 가라고 했습니다. 이시발을 찾아가서 편지를 전하니 잘 대접하고는 다음 날 또 편지 한 장을 주었습니다. 지례군 천곡이란 동네에 있는 성태영을 찾아가라는 것이었습니다.

성태영의 집에 들어가니 사랑에만도 하인이 수십 명이었습니다. 그는 나를 귀한 손님으로 대우했는데, 함께 산에 올라 나물도 캐고 물가로 구경도 다니며 역사를 토론하기도 했습니다.

그렇게 한 달 정도를 지낸 어느 날, 유완무가 찾아왔습니다. 그다음 날 아침, 나는 유완무를 따라 그의 집으로 가게 되었습니다.

"그동안 매우 의아하셨지요? 이천경이나 성태영이 다 내 동지인데, 우리는 새로 동지가 생기면 반드시 몇 군데를 돌아다니며 1개월씩 함께 지낸다오. 그리하여 각자 관찰한 바와 시험한 것을 모아서 어떤 사업에 적당한지 판단합니다. 그래서 벼슬살이에 적당한 이는 자리를 주선하고, 상업이나 농사에 적당한 인재는 그쪽 일을 하게 하는 것이 우리 동지들의 규정이오. 동지들이 시험한 결과, 창수 씨는 아직 학식이 부족하니 공부를 더 하되, 경성 방면의 동지들이 전적으로 맡아 어느 정도 수준을 이루도록 할 것이오. 그전에 신분부터 양반으로 만들어야겠소. 지금 이천경이 소유하고 있는 집과 논밭 그리고 가구 전부를 창수 씨의 부모가 생활하는 데 사용할 수 있도록 할 것인데, 그 고을의 큰 성씨 몇몇만 잘 단속하면 족히 양반으로 생활할 수 있을 것이오. 창수 씨는 경성에서 유학하면서 잠깐씩 부모님 얼굴이나 뵙게 할 테니, 곧 고향으로 가서 부모님을 모시고 경성으로 오시오. 경성서 연산까지 가는 길은 내가 알아서 하겠소."

유완무는 이렇게 말하고 내 이름도 '창수' 대신 '구(龜)'로 바꾸기를 권했습니다. 그렇게 해서 이때부터 내 이름은 '김구'가 되었습니다.

그 길로 나는 유완무와 함께 경성으로 향했습니다. 다시 유완무의 제자로 강화 장곶에 사는 주윤호 진사를 찾아갔습니다. 김주경의 집에 들어가기에는 여러 가지로 걱정되어 주진사 집만 왕래했습니다. 주진사는 백동전 4,000냥을 유완무에게 보냈는데, 유완무는 그 돈을 내 여비로 주어 나는 그것을 온몸에 돌려 감고 고향으로 향했습니다.

12. 아! 그리운 아버지

텃골 본가에 도착하니 황혼 녘이었습니다. 안마당에 들어서니 어머니가 부엌에서 달려 나오시며 눈물을 흘리셨습니다.

"아버지 병세가 위중하시다. 그런데 아까 '얘는 왔으면 들어오지 않고 왜 뜰에 서 있느냐.' 하시기에 헛소린 줄 알았더니, 네가 정말 왔구나."

급히 들어가 뵈니 아버지는 매우 반가워하셨지만 병세가 정말 위중하셨습니다.

할머니가 돌아가실 때 아버지는 절박한 마음으로 손가락을 잘라 그 피를 할머니의 입에 떨어뜨리셨습니다. 내가 또 그리하면 어머니가 몹시 마음 아파하실 것이므로 나는 허벅지 살을 베어 내기로 했습니다. 어머니가 안 계신 틈을 타 왼쪽 허벅지에서 살 조각 한 점을 떼어 냈습니다. 그걸 불에 구워서 약이라며 잡숫게 하고, 흐르는 피는 마시게 했

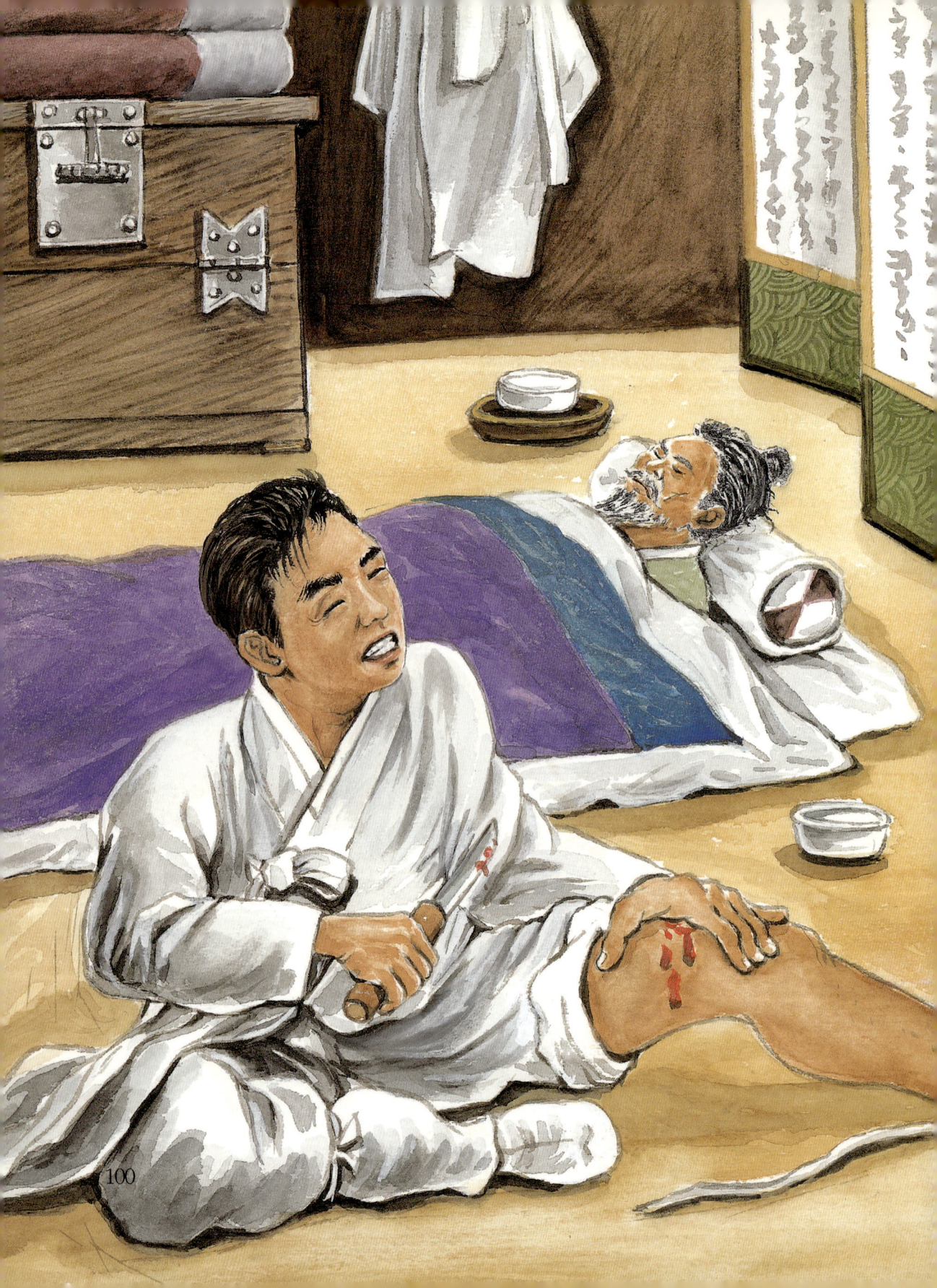

습니다. 그래도 양이 적은 듯하여 다시 칼을 들어 그보다 크게 살 조각을 떼어 내려고 할 때는 처음보다 천백 배의 용기가 필요했습니다. 겨우 살을 벴지만 살 조각은 떨어지지 않고 고통만 심했습니다. 그리하여 다리 살을 베어 놓기만 하고 손톱만큼도 떼어 내지 못했습니다.

'손가락이나 허벅지를 베는 것은 진정한 효자나 하는 짓이지, 나같이 용기 없는 놈이 어찌 효자가 되겠는가.'

나는 입에서 절로 탄식이 나왔습니다.

아버지는 열나흘 동안 내 무릎을 베고 계시다 결국 돌아가셨습니다. 눈보라가 몰아치는 때, 뜰에 *상청을 설치하고 조문을 받는데, 상주가 나 혼자뿐이라 잠시도 자리를 비울 수 없었습니다. 살을 베어 놓은 상태라 다리는 고통이 심했지만 어머니께 알릴 수도 없었습니다. 조객 오는 것조차 괴로워, 허벅지 살 벤 것을 후회하는 맘까지 일었습니다.

유완무와 성태영에게 *부고를 하고 이사를 중지했으면 하는 내 뜻을 알렸습니다. 경성에 머물러 있던 성태영은 500리(약 19만 6,364m) 길을 말 타고 달려와 조문과 위로를 해 주었습니다.

'진작 그들을 만나 연산으로 이사했다면 얼마나 좋았을까. 그럼 백발이 성성한 아버님이 이웃 마을 강씨나 이씨에게 늘 상놈 대우를 받아 뼈에 사무치는 아픔을 겪는 일만은 벗어나게 되셨을 텐데.'

나는 그것이 두고두고 마음 아팠습니다.

아버님 장지는 내가 직접 골라 텃골 오른쪽 산기슭에 안장했습니다.

상청(喪廳) 궤연을 속되게 이르는 말. 혼백이나 신주(죽은 사람의 위패)를 모셔다 놓은 곳.
부고(訃告) 사람의 죽음을 알림. 또는 그런 글.

상중에는 아무 데도 나가지 않고 작은아버지의 농사를 도왔습니다. 작은아버지는 매우 기특하고 다행스럽게 생각하시고, 200냥을 주시면서 인근에 사는 한 상놈의 딸과 결혼하라고 하셨습니다. 나는 싫다고 했습니다.

1902년 1월, 나는 여기저기 친척 댁으로 세배를 다녔습니다. 장연 무산의 먼 친척 할머니는 내가 스물일곱 살이 되도록 결혼하지 못한 것을 매우 걱정하셨습니다.

"제 중매를 할 사람도 쉽지 않고, 제게 딸을 주고 싶은 사람이 있을지도 의문입니다. 혹시 있다 해도 제가 장가들 마음이 생길 만한 처녀가 있을까 싶습니다."

"자네의 뜻에 맞는 처녀란 어떤 처녀인가?"

할머니는 웃으면서 물으셨습니다.

"첫째는 재산을 따지지 않고, 둘째는 학식이 있어야 하며, 셋째는 직접 만나 서로의 마음이 맞아야 합니다."

할머니는 첫째, 둘째 조건은 괜찮지만 셋째 조건은 매우 어렵겠다는 빛을 보이셨습니다.

"내 본가 사촌의 딸이 올해 열일곱인데, 과부인 홀어미를 모시고 지낸다네. 학식은 약간 있고, 아무리 가난하나 재산을 따지는 것은 옳지 않게 여긴다네. 일찍이 우리 형님께 자네의 됨됨이를 말한 바 있는데, 형님이 자네를 데리고 자기 집에 한번 와 달라고 부탁하였네.

같이 갈 수 있겠는가?"

"처녀를 만나게 해 주신다면 오늘이라도 가 보겠습니다."

그 길로 출발하여 할머니와 나는 장연 속내 텃골의 조그마한 오막살이집에 도착했습니다. 할머니가 과부댁과 내가 말한 조건을 상의하셨습니다.

"다 좋은데 규중처녀가 어찌 모르는 남자와 얼굴을 마주하겠나? 그 아이가 병신이 아닌 것은 내 보장할 테니 그것만은 참아 주게."

"저는 꼭 봐야겠습니다. 만나서 얘기하는 것뿐 아니라 혼인할 생각이 있으면 조건 한 가지가 또 있습니다."

"조건이 또 있어? 어디, 들어 보세."

할머니는 놀라면서도 다시 웃으며 물으셨습니다.

"지금 약혼을 한다 해도 제가 *탈상한 뒤에 결혼할 것이니, 그동안 낭자가 저를 선생님이라고 부르며 한문 공부를 정성껏 한다는 조건입니다."

"여보게, 혼인하면 데려다가 공부를 시키든 자네 마음대로 하면 될 게 아닌가?"

"거의 1년 동안이나 아까운 시간을 버릴 필요가 있겠습니까?"

늙은 과부댁과 친척 할머니가 마주 웃으며 얘기를 주고받더니 처녀를 불렀습니다. 한두 번 불러도 아무 소식이 없으니 과부댁이 친히 가서 데려왔습니다. 처녀는 가만가만 들어와 과부댁 뒤에 앉았습니다.

탈상(脫喪) 어버이의 삼년상을 마침.

내가 먼저 인사를 하였으나 처녀는 아무 대답을 못 하였습니다.
"당신은 나와 혼인할 마음이 있소? 또 결혼하기 전에 내게 학문을 배울 생각이 있소?"
처녀의 말소리가 내 귀에는 들리지 않았지만, 할머니와 과부댁은 처녀가 '그리 하겠다.'는 대답을 했다고 했습니다.
나는 곧 〈여자독본〉과 같은 책자를 만들고 필기도구까지 준비하여 그 처녀를 가르쳤습니다. 당시 나는 집안일도 돌봐야 했고, 아버님 탈

상 뒤 신교육에 몸 바칠 결심을 한 터라 우종서 목사, 송종호, 손경하, 은율의 김태성, 장련의 장의택, 오인형, 정창극 등과 신교육 실시를 상의하기 위해 여러 곳으로 돌아다녀야 했습니다. 그 때문에 틈틈이 가서 처녀를 가르쳤습니다.

  다음 해 1월 초, 나는 다시 번 일가 할아버지 댁에 세배를 갔습니다. 세배한 다음 앉아서 이야기를 나누고 있는데, 장연 텃골의 처녀 집에서 급한 소식이 왔습니다. 처녀의 병세가 위중하다는 것이었습니다. 깜짝 놀라 즉시 처가로 향했습니다. 방문을 열고 들어가니 처녀는 병세가 위중한 중에도 매우 반가워했습니다. 병은 만성 감기였는데, 약을 쉽게 구하기 어려운 산중이라 내가 간 지 사흘 만에 결국은 죽고 말았습니다. 처녀의 죽음은 나에게 큰 충격이었습니다.

13. 교육자의 길 그리고 결혼

    1903년 2월, 장련읍 사직동으로 이사했습니다. 장련읍에 사는 진사 오인형이 사직동 집과 대지, 산림과 과수 그리고 20여 마지기의 논밭을 모두 내게 맡겼기 때문입니다. 집안일에 대한 걱정 없이 공공사업에만 온 힘을 다할 수 있게 하려는 것이었습니다.

    나는 해주 고향에서 사촌 형 부부를 모셔다 집안일을 맡게 하고, 오 진사 집 큰사랑에다 학교를 열었습니다. 오 진사의 큰딸 신애와 아들 기수, 오 진사 형제들의 자녀를 중심으로 학교에 뜻을 같이하는 사람의 자녀 몇 명을 모아 가르쳤습니다. 학교는 점차 발전하였고, 이내 장련 시내에서 모르는 사람이 없게 되었습니다. 그러다 나는 공립학교로 옮겨 갔습니다.

    그즈음 평양에서 사범강습이 있었습니다. 여름철에 각지 학교의 직원과 교사들이 모여 강습할 때 나도 같이 갔습니다. 평양 방기창 목사 집에서 지냈는데, 당시 숭실 중학생인 최광옥과 친하게 지내며 장래 일을 의논했습니다. 그러던 어느 날, 그가 혼인을 했는지 묻기에 나는 과거의 얘기를 대충 말해 주었습니다.

"잘됐네. 그럼 안신호와 약혼하는 것이 어떤가? 안창호의 누이동생인데, 나이 스무 살로 매우 활발하고 사람됨이 훌륭하여 다들 우러러본다네."

최광옥의 말에 나는 만나 보고 서로 뜻이 맞으면 혼인하기로 했습니다.

안창호의 장인인 이석관의 집에서 최광옥과 함께 신호를 만났습니다. 이야기를 나눠 보니 서로 마음에 드는 터라 이튿날 아주 약혼까지 하고 고향으로 돌아가기로 했습니다.

그런데 다음 날 아침 일찍 이석관이 달려왔습니다.

"문제가 생겼네. 신호 오빠인 안창호가 미국으로 건너갈 때 상해(상하이)를 거쳐 가면서, 상해 모 중학에 다니던 양주삼에게 자기 여동생과 혼인하라는 부탁을 했다는군. 그때는 양주삼이 학업을 마친 뒤 결정하겠다고 했는데, 어젯밤 편지를 보내왔다는 거야. 자신이 학업을 마쳤으니 이제 결혼하고 싶다며 신호의 생각이 어떤지 알려 달라고 말일세. 밤새 고민한 신호는 자신의 처지로는 도의상 누구를 고르고 누구를 버릴 수 없으니 양쪽을 다 버릴 수밖에 없다고 하니, 이 일을 어쩌면 좋은가?"

이석관이 굳은 얼굴로 말했습니다. 나는 매우 섭섭했지만 달리 방법이 없었습니다.

그 얼마 뒤, 신호가 나를 찾아왔습니다.

"지금부터 당신을 오라버님으로 섬기겠습니다. 미안하지만 어쩔 수 없이 사정이 그리된 것이오니 너무 섭섭하게 생각지 마십시오."

일을 시원하게 처리하는 것이나 마음 씀이 넓은 것을 보니 그녀를 더욱 좋아하게 되었지만 어쩔 수 없는 일이었습니다.

다시 장련에 돌아와 교육과 종교에 종사했습니다. 하루는 군수의 초청장이 와서 군수를 만나러 갔습니다.

"정부에서 양잠업을 장려할 목적으로 해주에 뽕나무 묘목을 내려보냈소. 이를 각 군에 나눠 주어 심게 하라는 공문이 왔는데, 우리 군내에서는 당신이 이 일을 책임지고 맡으면 성적이 좋을 듯싶소."

그 일은 양반들도 좋아하여 앞을 다투는 판이었습니다. 그러나 수리를 맡은 정창극이 군수에게 나를 추천한 것이었습니다. 민생 산업에 관계되는 중요한 일이었으므로 나는 승낙했습니다.

"해주에 가면 관찰부에 *농상공부 주사들이 뽕나무 묘목을 가져왔을 것이오. 이 돈으로 연회나 한 번 열고 부족한 돈은 돌아온 뒤에 다시 청구하시오."

정창극이 200냥을 여비로 주면서 말했습니다.

가는 길에 말을 타든 가마를 타든 마음대로 하라고 했지만 나는 걸

농상공부(農商工部) 조선 후기, 농업·상업·공업 및 우체·전신·광산 따위에 관한 일을 맡아보던 관청.

어서 해주까지 갔습니다. 관찰부에 공문을 전달하니, 농상공부에서 특파된 주사가 장련으로 가져갈 뽕나무 묘목 수천 그루를 주었습니다. 그런데 검사를 해 보니 묘목이 다 말라 있었습니다.

"이런 묘목은 가져갈 수 없소."

내 말에 주사는 발끈 성을 내며 '상부 명령 불복종'이라는 말을 묻혀 가면서 위협을 했습니다.

"주사는 경성에 살아서 장련이 산골이라는 것을 모르시나 봅니다. 저는 여기까지 땔나무를 구하러 온 게 아닙니다. 장련군에도 땔나무는 충분하니 다른 군에 부탁할 필요가 없지요. 주사가 본부에서 뽕나무 묘목을 가지고 온 이유는 묘목의 생명을 보호하여 나눠 주고 싶게 하는 것이잖소. 그런데 이같이 말라 죽게 해서는 위협으로 나눠 주려 하니 그 책임이 누구에게 있는지 알아야겠습니다. 관찰사에게 이 연유를 보고하고 나는 그냥 돌아가겠소."

나는 몹시 화가 나서 말했습니다. 그러자 두려워진 주사는 나를 달래며 살아 있는 것으로만 직접 골라 가라고 했습니다. 나는 묘목을 골라서 물을 뿌리고 잘 보호하여 말 한 필에 싣고 장련으로 돌아왔습니다. 여비를 계산하여 남은 금액 130냥을 정창극에게 넘겨주었습니다.

"짚신 한 켤레, 냉면 한 그릇, 떡·밥값……. 꼼꼼하게도 적었습니다. 게다가 70냥밖에 안 썼다니! 다른 사람이 다녀왔으면 적어도 이백 냥은 더 청구하였을 것입니다."

정창극은 내가 쓴 여비 사용 대장을 보고 감탄하며 말했습니다. 그는 비록 *수리이나 지극히 검소하여 노닥노닥 기운 옷을 입고, 관에서 정한 요금 외에는 한 푼도 쓰지 않았습니다. 그 때문에 군수는 감히 돈을 함부로 쓰지 못했습니다.

며칠 뒤, 농상공부에서 뽕나무 묘목을 관리하는 종상 위원 임명장이 왔습니다. 이 소문이 퍼지자 군내 하인들과 노동자들 중에는 내가 지나는 곳마다 담뱃대를 감추고 존경을 표하는 사람도 있었습니다.

그 뒤 1904년, 나는 신천에 사는 최준례와 결혼했습니다. 최준례는 경성에서 태어나 홀어머니 밑에서 언니와 함께 살았습니다. 그러다 언니가 시집을 가자 어머니와 함께 신천으로 내려와 언니 집에서 살고 있었습니다.

최준례는 당시 열여덟 살로, 뜻에 맞는 남자와 결혼을 원하고 있었습니다. 그런데 어느 날, 신천 예수교회의 양성칙이 내게 그녀와 결혼할 생각이 있는지를 물었습니다. 나는 최준례를 만나본 뒤 사직동 내 집으로 데려와 약혼하고 경성 경신학교에 유학 보냈습니다.

그 무렵 오인형 진사가 세상을 떠났습니다. 어선업을 하다가 재산을 몽땅 날렸는데, 그 일로 병을 얻었던 것입니다. 나는 살고 있던 사직동 집과 대지를 유족에게 돌려주고 장련 읍내로 이사했습니다.

수리(首吏) '이방 아전'을 달리 이르던 말로 각 지방 관아의 여섯 아전 가운데 으뜸이라는 뜻이다.

14. 세 번째 투옥

　1910년, 우리나라가 일제에 *병탄되었습니다. 이제 국권을 되찾으려면 후세들의 애국심을 높여 장래에 광복하는 길밖에 없었습니다. 그래서 나는 당시 교장으로 있던 양산학교를 더욱 확장하고 중·소학부 학생을 늘려 모집했습니다.

　그 무렵 국내외를 통하여 정치적 비밀 단체가 조직되었는데, 바로 신민회였습니다. 경성에서 양기탁이 주최하는 신민회 비밀회의 통지를 받고 나도 달려가 참석했습니다. 양기탁의 집에 출석한 인원은 양기탁, 이동녕, 안태국, 주진수, 이승훈, 김도희 등이었습니다. 비밀회의에서 경성에 비밀리에 도독부를 설치하여 전국을 다스릴 것과 *간도로의 이민 계획을 세웠습니다. 또 무관 학교를 설립하고 장교를 양성하여 광복 전쟁을 일으킬 것을 결의했습니다.

　이런 준비를 위해 이동녕을 먼저 간도로 보내고 나머지 참석한 인원

병탄(竝呑/倂呑)　남의 재물이나 다른 나라의 영토를 한데 아울러서 제 것으로 만듦.
간도(間島)　중국 길림성의 동남부 지역. 두만강 유역의 동간도와 압록강 유역의 서간도를 통틀어 이른다.

으로 각 지방 대표를 선정하여, 15일 이내에 황해도에서 내가 15만 원, 평남의 안태국이 15만 원, 평북 이승훈이 15만 원, 강원의 주진수가 10만 원, 경성의 양기탁이 20만 원을 모금하여 보내기로 했습니다.

그해 11월, 나는 김홍량과 의논하여 토지와 가산을 팔기 시작했습니다. 그리고 신천 유문형 등 몇 사람과 이웃 군의 동지에게 장래 계획을 비밀리에 알려 일을 진행하고 있었습니다.

그러던 어느 날 밤, 갑자기 안명근이 양산학교로 찾아왔습니다. 그는 안중근의 사촌 동생이었습니다.

"제가 해서의 각 군에서 재산이 넉넉하고 세력 있는 사람들을 만나 봤습니다. 그들 모두 독립운동 자금을 내겠다고 약속은 해 놓고 도무지 자금을 내지 않습니다. 그래서 안악읍에 있는 몇몇을 총으로 위협하여 다른 지방에도 영향을 미치게 할 생각이니 힘을 북돋아 주시고 잘 좀 지도해 주시오."

"안중근 형이 여순 감옥에서 사형당한 일로 더욱 피가 끓어 이런 계획을 세운 듯합니다. 그런데 돈보다 중요한 것이 동지의 결속입니다. 동지는 몇 사람이나 얻었습니까?"

"절실한 동지가 몇십 명은 되지만, 형이 동의하신다면 인물은 쉽게 얻을 줄 압니다."

안명근이 자신 있게 말했으나 나는 간곡히 말렸습니다. 장래 대규모 전쟁을 하려면 인재 양성 없이는 성공을 기약할 수 없다는 것과 청년

들을 북쪽 지대로 데려가 군사 교육을 실시하는 것이 당장 급한 일임을 말해 주고 돌려보냈습니다.

그런데 며칠 뒤에 안명근이 일본 경찰에게 체포되어 경성으로 압송되었습니다. 또 신천, 재령 등에서도 관계자들이 체포되었다는 소식이 신문에 발표되었습니다.

1911년 1월 15일, 내가 양산학교 사무실에서 아직 일어나지도 않았을 때였습니다. 일본 헌병이 '안명근 강도 사건'의 공범으로 나를 체포하러 왔습니다. 1909년에 안중근 의사가 이토 히로부미를 쏘았을 때도 관련자로 체포되어 한 달 만에 석방된 일이 있으니, 이번이 세 번째 투옥이었습니다.

그 뒤 황해도 일대에서 평소 애국자로 불리는 이들은 모두 체포되었습니다. 일본 경찰은 안명근과의 관계를 물으며 매일 고문을 해댔습니다. 나뿐 아니라 많은 애국자들이 끌려가 거의 죽어서 돌아올 때는 애처롭고 분한 마음을 누를 수가 없었습니다.

어느 날은 해질 녘에 신문실로 끌려가 밤새도록 몽둥이로 얻어맞았습니다. 몇 번이나 기절한 끝에 유치장으로 옮겨진 것은 아침 해가 밝아 온 때였습니다.

'평소에 나 스스로 무슨 일이든지 성심껏 한다고 자신하고 있었다. 그런데 저 왜놈들을 보라. 그들은 이미 먹은 나라를 삭히려고 밤을 새는데, 내 나라를 되찾겠다는 나는 과연 밤새워 일한 것이 몇 번이

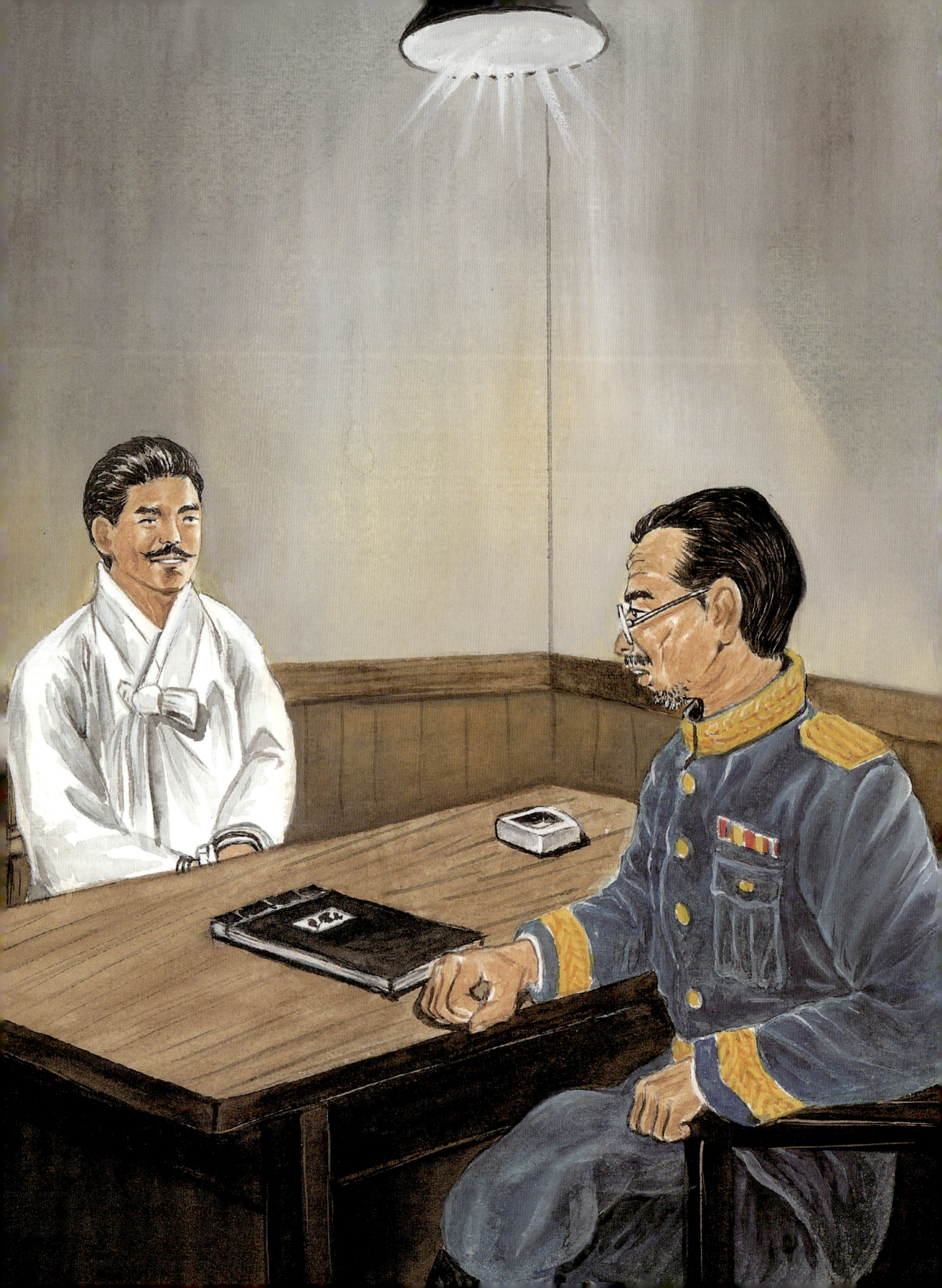

던가?'

유치장 바닥에 쓰러져 온몸이 바늘방석에 누운 듯이 고통스런 중에도 나는 부끄러워 눈물이 앞을 가렸습니다.

하루는 최고 신문실로 끌려갔는데, 와타나베가 떡하니 앉아 있었습니다. 17년 전 인천 경무청에서 신문할 때 방청을 하다가 내가 호령하자 '칙쇼! 칙쇼!' 하면서 뒷문으로 사라진 와타나베! 그는 얼굴에 약간 노쇠한 빛을 띠고 총감부 기밀 과장의 제복을 입고 있었습니다.

"나는 가슴에 엑스 광선을 붙이고 있다. 그래서 네가 태어나서 지금까지의 행동을 환히 꿰뚫어 보고 있으니 터럭만큼이라도 숨기면 이 자리에서 때려죽일 테다."

엄숙한 표정으로 와타나베가 말했습니다. 순간 나는 가슴이 쿵 내려앉는 것 같았습니다. 저번 두 번째 투옥 때 해주 검사국에서 〈김구〉라는 제목의 책자를 앞에 두고 신문당하던 일이 떠올랐습니다. 각 지방의 사건을 수집한 그 책에는 내가 치하포에서 왜놈을 죽인 일과 인천에서의 사형 정지 그리고 탈옥한 사실이 반드시 기록되어 있을 것입니다.

그러나 나는 와타나베가 제 입으로,

"17년 전, 네가 인천 경무청에서 나를 꾸짖고 욕하던 일을 기억하느냐?"

라고 말하기 전에는 결코 입을 열지 않기로 마음먹었습니다. 한편으로 나는 와타나베의 엑스 광선이 정말 잘 맞는지 시험해 보고 싶었습니다.

"나는 일생 동안 숨어 산 적이 없고, 헌신적인 생활을 한 탓에 말 하나, 행동 하나가 다 공개적이고 비밀은 없소."

내 말에 와타나베는 출생지며 직업 등을 차례로 물었습니다. 그러다 내가 종교와 교육에 종사하였으며 지금은 안악 양산학교 교장으로 있다고 하자 버럭 성을 냈습니다.

"종교·교육 사업은 우리 눈을 속이기 위한 것이고, 사실은 못된 음모를 꾸미고 있다는 걸 내가 분명히 알고 있다. 서간도에 무관 학교를 설립하여 후일 독립 전쟁을 준비하려는 것, 안명근과 공모하여 총독을 모살하려고 부자들의 돈을 빼앗으려 했다는 사실을 우리 경찰은 환하게 알고 있다. 그런데 끝까지 숨기려 하느냐?"

와타나베의 말에 나는 두려움보다 내 가슴을 비춘다는 엑스 광선이 엉터리라는 생각에 속으로 웃음까지 나왔습니다. 그리고 태산처럼 커 보이던 왜놈이 그때부터 겨자씨같이 작아 보였습니다.

"안명근과는 전혀 관계가 없소. 그저 가난한 농가를 서간도로 이주시켜 생활 근거를 마련해 주려는 것일 뿐이오. 학교 개학 시기가 이미 지났으니 속히 내려가게 해 주시오."

그러자 와타나베 놈은 고문도 하지 않고 나를 유치장으로 보냈습니다.

유치장에 앉아 있으니 나라는 망했지만 민족은 살아 있다는 생각이

들었습니다. 내가 치하포 사건을 일으켰다는 것은 세상 사람들이 다 아는 사실입니다. 그동안 왜놈들은 각 경찰 기관에 요주의 인물로 붉은 줄을 긋고 내 행동 하나하나를 조사했습니다. 이번에도 총감부 경시 한 명이 안악에 출장 조사까지 왔었습니다. 그런데도 일본 놈들은 내가 김창수라는 사실을 몰랐습니다. 나는 평소 우리 민족 중에 일본의 밀정 노릇을 하는 자를 몹시 미워해서 여지없이 공격하곤 했습니다. 그런데 그 밀정들까지도 이 사실만은 왜놈에게 밀고하지 않았던 것입니다. 이렇듯 우리 민족이 나를 위해 주니 마지막 숨이 남아 있을 때까지 싸우며 왜놈의 요구에 응하지 않기로 결심했습니다.

그 뒤로도 왜놈들의 신문은 계속되었습니다. 번번이 고문으로 정신을 잃고서야 유치장으로 끌려왔습니다. 그즈음 아내는 매일 아침저녁으로 밥을 가지고 왔습니다. 그러나 왜놈들은 매번 돌려보내고 나를 굶겼습니다. 그런데다 고문이 끊이지 않으니 몸은 엉망이 되었습니다. 그놈들이 나를 달아매고 때릴 때마다 나는 박태보를 떠올렸습니다. 박태보는 인현 왕후를 폐위시키는 일을 반대하다 숙종의 노여움을 사 고문을 당했는데, 쇠를 불에 달구어 맨살을 지질 때,

"쇠가 식었으니 다시 달구어 오너라!"

라고 외쳤던 인물입니다. 나는 그 구절을 외우며 버텼습니다.

겨울철이라 그러는지 옷을 벗기고 속옷만 입힌 채 묶어 놓고 때렸습니다.

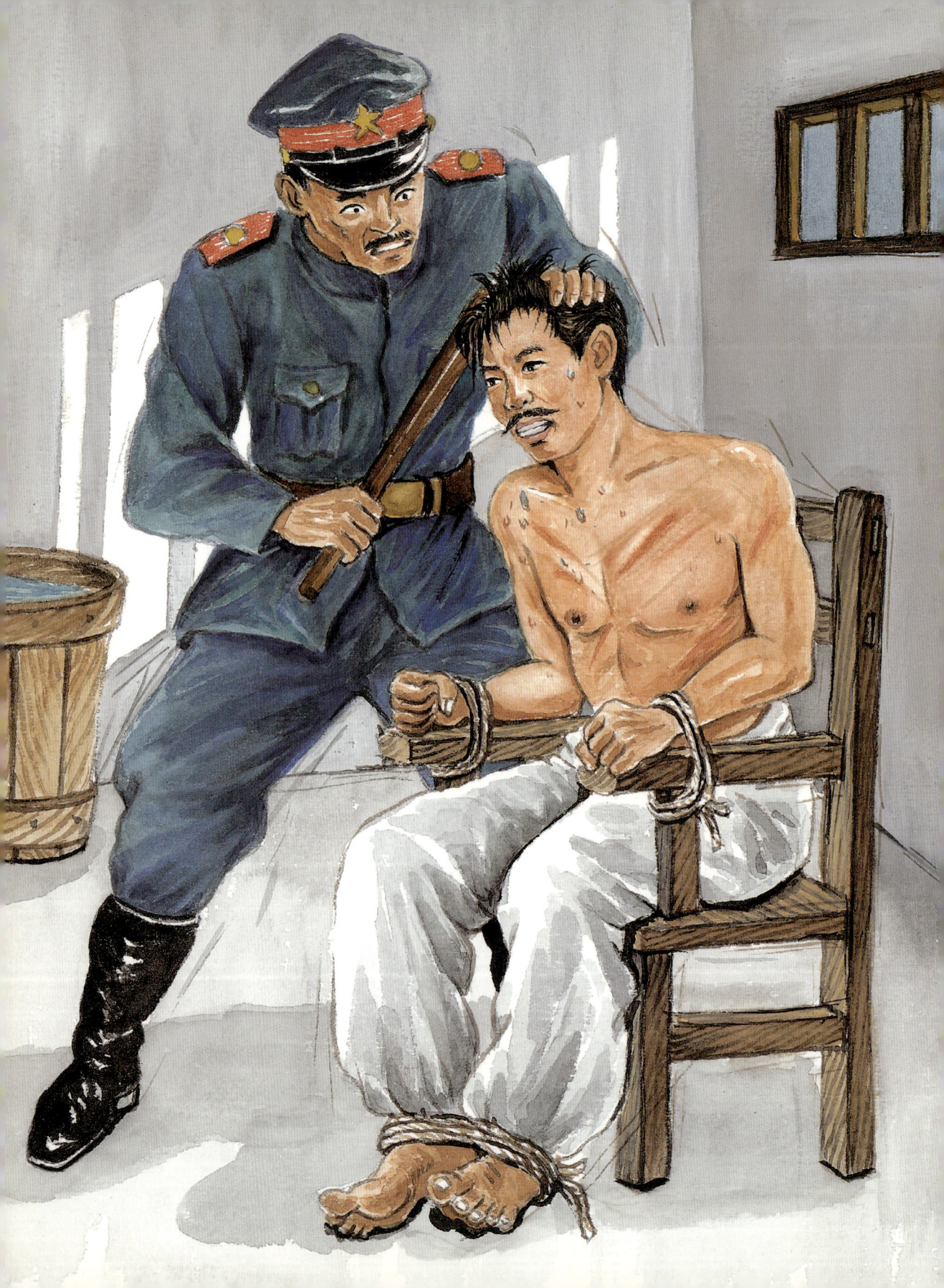

"속옷을 입어서 아프지 않구나. 속옷을 다 벗고 맞겠다."

나는 이렇게 소리치며 알몸으로 매를 맞았습니다. 살이 벗겨질 뿐 아니라 온전한 살가죽이라곤 없었습니다. 그런 때 사람들이 문 앞에서 사식을 먹으면 고깃국과 김치 냄새가 코에 스며들어 미칠 듯이 먹고 싶었습니다. 문득문득 나도 남에게 해가 될 말이라도 해서 가져오는 밥이나 받아먹을까 하는 더러운 생각이 나기도 했습니다. 그러나 고문이 심해질수록 내 마음은 점점 더 강하고 굳세졌습니다.

여덟 번째 신문에는 각 과장과 주임 경시 7~8명이 나란히 앉아 나를 위협했습니다.

"동료 대부분이 자백했거늘, 네 한 놈이 이리도 버티니 참으로 어리석고 끈질기구나. 논밭을 사들인 지주가 *뭉우리돌을 골라내는 것은 당연한 일 아니냐? 네 아무리 혀를 묶어 한마디도 안 하려 하지만 네 무리가 다 너를 우두머리라고 말했으니 죄를 면하기는 어렵다. 지금 당장 말하지 않으면 이 자리에서 때려죽일 것이다."

"나를 논밭의 자갈돌로 알고 파내려는 그대들의 노고보다 파내어지는 내 고통이 더욱 심하니 내가 자결하는 것을 보아라!"

나는 말이 끝나자마자 머리를 기둥에 들이받고 정신을 잃었습니다. 여러 놈들이 인공호흡을 하고 얼굴에 찬물을 끼얹어서 겨우 정신이 돌아왔습니다.

'오냐! 나는 죽어도 뭉우리돌 정신을 품고 죽고, 살아서도 뭉우리돌

뭉우리돌 모난 데가 없이 둥글둥글하게 생긴 큼지막한 돌.

의 책무를 다할 것이다.'

나는 이 생각을 가슴 깊이 새겼습니다. 그리고 죽는 날까지 왜를 파괴하고 희롱하는 것을 유일한 즐거움으로 삼으리라 결심했습니다.

그 뒤 나는 종로 구치감으로 넘어갔습니다. 비록 독방에 있었으나 총감부보다는 편하고, 식사도 분량이 훨씬 많았습니다. 왜놈이 내 신문에 대해 사실대로 형을 매긴다면 '보안법 위반'으로 2년 형밖에 지울 수 없었습니다. 그러자 안명근 강도 사건에다 억지로 나를 얽어맸습니다. 양산학교 교지기 아들인 14살짜리 학생을 잡아다 협박해서 거짓 증언을 하게 하더니 나에게 15년 형을, 안명근에게는 종신형을 선고했습니다. 강도 사건으로 15년 형이라니 참 뜻밖이었습니다.

우리는 다시 서대문 감옥으로 이감되었습니다. 하루는 안명근이 다가와 내 귀에 대고 속삭였습니다.

"아무리 생각해도 감옥에 들어온 뒤로 하루를 살면 하루가 욕되고, 이틀을 살면 이틀이 욕되니 차라리 나는 굶어 죽으려 합니다."

나는 쾌히 찬성했습니다.

그날부터 안명근은 음식을 다른 죄수에게 나눠 주며 단식을 시작했습니다. 연 4~5일을 굶으니 힘이 다 빠져 움직일 수도 없게 되었습니다. 간수가 물으면 배가 아파서 밥을 안 먹는다고 했지만 눈치 빠른 왜놈들은 병원으로 옮겨 진찰까지 했습니다. 아무 병이 없자 안명근을 꼼짝 못 하게 한 뒤 계란을 풀어 억지로 입에 부었습니다. 그 뒤로 안

명근은 하는 수 없이 음식을 먹기 시작했습니다.

내가 서대문 감옥에 갇힌 지 얼마 되지 않아 왜놈들의 제2차 뭉우리돌 줍기가 시작되었습니다. 제1차는 황해도 안악을 중심으로 하여 40여 명의 애국자를 타살·징역·유배의 세 종류로 처결했습니다. 그런데 이번에는 평안도 선천을 중심으로 애국 인사 105명을 한꺼번에 다 잡아들여 신문했습니다.

이미 제1차 보안 사건으로 2년 형을 집행받았던 양기탁, 안태국, 옥관빈, 유배형에 처했던 이승훈까지 다시 집어넣고 신문을 다시 시작했습니다. 이미 내린 형량이 왜의 마음에 차지 않았던 것입니다. 나와 김홍량도 15년에 2년을 더해 17년으로 늘렸습니다.

그러던 어느 날, 간수가 와서 나를 면회소로 데려갔습니다. 판자벽에서 딸깍 하고 주먹 하나 드나들 만한 구멍이 열렸습니다. 그리로 내다보니 어머니가 서 계셨고, 곁에 왜놈 간수가 지키고 있었습니다.

"나는 네가 경기 감사를 한 것보다 더 기쁘게 생각한다. 우리 걱정 말고 네 몸이나 잘 돌보아라."

어머니는 아무렇지 않은 얼굴로 말씀하셨습니다.

나는 한마디도 드릴 수 없었습니다. 어머니가 면회 오실 때 아내나 내 친구들이 주의를 드렸을 테지만 일단 만나면 울음을 참기가 지극히 어려울 텐데도 어머니는 태연하셨습니다. 어머니는 참으로 놀라운 분입니다.

15. 드디어 백범이 되다

옥중 생활에서 식사는 하루 3회 나왔습니다. 그때마다 간수는 죄수들에게 경례를 시키면서,

"식사를 주는 일본 왕에게 머리를 숙여 감사의 뜻을 표하라."
라고 했습니다. 그러나 우리는 그런 감사 대신,

"우리에게 전능을 베풀어 동양의 대악괴인 왜왕을 내 손에 죽게 하소서!"
라고 기도했습니다. 그렇게 되면 원수를 갚을 수 있는데다 일본 왕이나 왕비가 죽으면 대사면이 내려 죄인들을 풀어 주기 때문입니다.

그런데 죄수들은 누구와도 이야기하는 것이 금지되어 있었습니다. 하루는 친하게 지내던 최명식과 한방에 있고 싶어 일부러 옴에 걸린 것처럼 꾸몄습니다. 최명식도 나처럼 '안명근 사건' 때 체포된 인물이었습니다. 우리는 너무나 반가워 서로 이야기를 하다가 간수에게 들켜

곤봉으로 맞았는데, 그때 맞은 상처로 왼쪽 귀의 연골이 상했습니다.

감옥 생활에 어느 정도 익숙해질 무렵이었습니다.

어느 날, 가마니 짜는 공장에서 일하던 나와 최명식은 죄수 200여 명을 훑어본 뒤 특이한 이가 있으면 번호를 써서 서로 맞추어 보기로 했습니다. 번호가 일치하는 이가 있으면 그 죄수를 조사해 보기로 했는데, 마침 일치하는 번호가 있었습니다. 나이가 마흔이 넘어 보이는 이였는데, 죄수들 모두 똑같은 일복을 입었으나 그의 눈에 정기가 가득 들어차 있어 우리 둘의 눈에 띄었던 것입니다. 우리는 간수의 눈을 피해 가며 그에게 다가가 인사를 나누고 조금씩 가까워졌습니다. 알고 보니 그는 삼남의 '불한당' 우두머리 김 진사였습니다.

나는 평소에도 독립운동을 하려면 우리도 활빈당이나 불한당 같은 도적들의 *결사와 훈련을 연구해 볼 필요가 있다고 생각하고 있었습니다. 그 때문에 그에게 솔직하게 내 생각을 말하고 궁금한 것들을 물었습니다.

"그렇다면 좋습니다. 말씀드리지요. 조선 시대 이전은 알 수 없으나 이후의 유래는 이렇습니다. 고려 말 신하 이성계가 임금을 치고 나라를 얻자, 이를 반대하여 두문동으로 들어간 72인의 충신·열사 같은 이들 외에도 고려 왕조에 충성하고자 하는 뜻을 가진 이들이 많았을 것이오. 그러한 지사들이 비밀리에 연락해 조직을 만든 뒤, 조선의 *국록을 먹거나 백성을 착취하는 양반들, 부유한 자들의 재

결사(結社) 여러 사람이 공동의 목적을 이루기 위하여 단체를 조직함. 또는 그렇게 조직된 단체.

국록(國祿) 나라에서 주는 녹봉.

물을 빼앗아 가난한 백성을 도왔습니다. 그런데 조선에서는 이들을 '도적'이란 이름을 붙여 500여 년 동안 압박했지요. 강원도에서 활동하는 이들을 '목단설', 삼남에 있는 이들을 '추설'이라 불러 왔고, 일반 도둑은 '북대'라고 부릅니다. 목단설과 추설의 최고 수령은 '노사장'이고, 총사무는 '유사', 각 지방 주관자도 '유사'라 부릅니다. 그들이 하는 공동 대회를 '큰 장 부른다.'라고 하고, 각기 단독으로 부하를 소집하는 것을 '장 부른다'고 합니다. 큰 장은 매년한 차례씩 불렀으나 지금은 왜놈이 심하게 구는 탓으로 없앴습니다. 큰 장에서는 도적질은 시위 삼아 한 차례 하는 것이며, 주된 목적은 단체의 공사를 처리하는 것입니다. 큰 장을 부르는 통지는 각 도, 각 지방의 책임자에게 '부하 누구누구 몇 명을 보내라.'하면 어김없이 실행하며, 큰 시장이나 절로 부르게 됩니다. 명령을 받고 출정할 때는 *도붓장수, 중, 양반 행차, 등짐장수 등 별별 형식으로 가장해서 갑니다. 노사장은 각 도, 각 지방 책임 유사에게 매년 각 분설에서 자격이 되는 사람 한 명씩 자세히 조사해서 보고하게 했습니다. 그 자격 조건은 첫째 눈빛이 굳세고 맑을 것, 둘째 아래가 맑고, 셋째 담력이 셀 것, 넷째 성품이 침착해야 합니다. 그 조건에 맞으면 접근해서 친해진 다음 관병으로 위장한 동료들이 그를 붙잡아 산골로 끌고 가 70여 가지의 고문을 합니다. 이것을 견디고 끝까지 의리를 지키는 자만 골라 입당식을 거행합니다."

도붓장수 이리저리 돌아다니며 물건을 파는 사람.

진사는 상세하게 들려주었습니다. 나는 그 치밀함에 입이 다물어지지 않을 지경이었습니다.

"제가 듣기로 훔친 물건을 나누다가 싸움이 생기는 바람에 체포되기도 한다던데, 그것이 단점 아니오?"

"그건 북대의 경우나 그렇습니다. 우리는 1년에 한 차례, 많아야 두세 번 도적질을 합니다. 그렇게 얻은 장물은 예로부터 정한 규칙에 의해 나누되 노사장, 각 지방 조직의 공용 비용, 조난당한 유족의 구제비 등을 미리 제한 다음, 가장 큰 공을 세운 자에게 장려금까지 주고 나서 똑같이 나누므로 싸우는 일은 결코 없습니다."

김 진사는 또 조직원이 민간에만 있는 게 아니라 포도청과 군대의 중요한 자리에도 있다고 했습니다. 그래서 조직원들이 잡히면 제대로 된 자들은 끝까지 살려 낸다고도 했습니다.

김 진사의 말을 듣고 나니 큰 뜻을 품고 비밀 결사로 일어난 신민회 회원의 한 사람으로 부끄러워 견딜 수가 없었습니다. 그들 강도단에 비하면 우리 신민회의 조직과 훈련 방법은 유치하기 짝이 없었습니다.

그렇게 수감 생활을 하던 어느 날이었습니다. 죄수들을 한곳에 모이게 하더니 일본 천황 메이지의 사망 소식과 함께 대사면을 발표했습니다. 그 덕분에 나는 17년 형이 7년으로 줄었습니다. 그리고 몇 달 뒤 이번에는 메이지의 처가 사망해서 내 형은 다시 5년으로 줄었습니다. 그럭저럭 서대문 감옥에서 지낸 것이 3년이니 남은 기간은 2년이었습니다. 이때부터 내게는 다시 세상에 나가 활동할 마음이 확고히 생겼습니다. 나는 그 결심의 표시로 이름을 '구(九)'라 하고, 호를 '백범(白凡)'이라 고쳤습니다. '구(龜)'를 '구(九)'로 고친 것은 왜놈의 민적에서 벗어나고자 하는 뜻에서였습니다. 또 '백범'은 '백정'의 '백'에서 따온 것이며, '범'은 *범부에서 따온 것인데, 그 이유는 내가 감옥에 여러 해 있으면서 보니 우리나라에서 가장 천하게 치는 백정이나 범부들의 애국심이 현재의 나 정도는 되어야 완전한 독립이 되겠기에 내 바람을 담은 것입니다.

'우리도 어느 때고 독립 정부를 건설하거든, 나는 그 집의 뜰도 쓸고 창문을 닦는 일도 해 보고 죽게 해 주십시오.'

복역 중에 감옥의 뜰을 쓸거나 유리창을 닦을 때 나는 하느님께 이렇게 기도했습니다.

범부(凡夫) 평범한 사내.

16. 출옥과 상해로의 망명

나는 2년 형을 채 못 남기고 인천 감옥으로 가게 되었습니다. 서대문 감옥에서 왜놈 과장과 싸웠는데, 그가 나를 일부러 징역살이가 힘들기로 소문난 인천 감옥으로 보냈습니다. 17년 전에 탈출한 곳을 철사에 묶여 다시 들어오게 된 것입니다.

아침저녁 쇠사슬로 허리를 매고 공사장으로 나갔습니다. 흙지게를 등에 지고 높은 사다리를 밟고 오르내리노라면 반나절 만에 어깨랑 발이 붓고 *등창이 나서 움직일 수조차 없었습니다.

그렇게 힘든 생활을 하던 어느 날, 뜻밖에 가출옥으로 석방되었습니다. 그때가 1915년, 내 나이 마흔이었습니다.

꿈인 듯 생시인 듯 고향에 돌아오니 신작로에 수십 명이 마중을 나왔습니다. 맨 앞에는 어머니의 모습이 보이고, 그 뒤로 김용제 등 감옥에서 먼저 나와 있던 동지들의 모습도 보였습니다. 그런데 둘째 딸 화

등창 등에 나는 큰 부스럼.

경이가 보이지 않았습니다.

"너는 이렇게 살아왔는데, 너를 그토록 사랑하고 보고 싶어 하던 화경이는 서너 달 전에 죽었구나. 글쎄, 일곱 살도 채 안 된 그 어린것이 죽을 때 '나 죽었다고 옥에 계신 아버지께는 연락하지 마세요. 아버지가 들으시면 얼마나 마음 아프겠어요.' 하더라."

어머니가 나를 얼싸안고 눈물을 흘리며 말씀하셨습니다. 첫딸을 잃었는데 화경이마저 잃게 되니 하늘이 무너지는 것만 같았습니다. 울적한 나머지 이리저리 다니며 바람이나 쐬고 싶었으나, 가출옥 기간이라 어디를 가려면 반드시 헌병대에 허가를 받아야 했습니다. 그게 싫어서 나는 이웃 군도 출입하지 않았습니다. 그 뒤 가출옥이 해제되자 김용진의 부탁을 받고 궁궁 농장의 추수 검사를 해 주고 돌아왔습니다.

다음 해에 셋째 딸 은경이 태어났습니다. 나는 안신학교에서 계속 교사를 하면서 매번 추수 시기에는 김용진의 농장에 가 타작을 검사했습니다. 그러나 읍내 생활에 취미가 없어져서 홍량과 용진, 용정에게 농촌 생활을 부탁했습니다. 그들은 자기네 소유 중에 산천이 맑고 아름다운 곳을 택해 농사 감독이나 하라며 흔쾌히 허락했습니다. 그러나 나는 가장 말썽 많고 풍토병으로 유명한 동산평으로 보내 달라고 했습니다.

"왜 하필 그곳입니까? 소작인들의 인품뿐 아니라 기후와 풍토가 좋지 못한 곳인데, 어찌 견디겠습니까?"

"그래서 가려는 것일세. 가서 농촌 개량에 취미를 붙이고자 하네."
결국 내 뜻에 따라 동산평으로 이사했습니다.
"제가 없을 때 소작인들 중 뇌물을 가지고 오는 자가 있으면 절대로 받아선 안 됩니다."
나는 어머니께 주의를 드리고 소작인 준수 규칙을 반포했습니다.

- 도박하는 소작인의 소작권을 허락하지 않음.
- 아동을 입학시키는 자는 소작지 중 가장 좋은 논 두 마지기씩을 더해 줌.
- 입학 나이가 된 아동을 입학시키지 않는 자는 소작지 중 좋은 논 두 마지기를 도로 회수함.
- 농업에 근실한 성적이 있는 자는 조사하여 추수 때 곡물을 상으로 줌.

이상 몇 조를 선포한 후에 동산평에 소학교를 설립했습니다. 교사 한 명을 모셔 와 학생 20여 명으로 학교를 열었습니다. 교사가 부족해 나도 교과를 담당했습니다. 이제 소작인으로 토지를 받고자 하는 이는 학부형이 아니면 말 붙이기가 어렵게 되었습니다.

나는 날마다 일찍 일어나서 소작인의 집을 찾아가 늦잠 자는 이가 있으면 깨워서 집안일을 하도록 했습니다. 집 안이 더러운 자는 청결하게 하며, 땔감으로 쓰는 마른풀을 거두게 하고, 짚신 삼기와 자리 짜기를 장려했습니다. 평상시 소작인들의 '근만부'를 작성하여 성실한지 나태한지를 점검하여 추수철에 부지런한 이에게는 후한 상을 주고,

게으른 이에게는 다시 게으름을 피우면 경작권을 허락하지 않는다고 경고했습니다. 그러던 중 내 나이 마흔 셋에 아들 인(仁)이 태어났습니다. '김린(金麟)'이라 했다가 왜의 민적에 등록된 까닭에 '인(仁)'으로 고쳤습니다.

1919년 3월 1일, '대한 독립 만세.' 소리가 전국에서 울려 퍼졌습니다. 안악에서도 계획하고 준비하던 때였습니다. 청년들이 만세를 부르자며 찾아왔지만 나대로 계획이 있었기 때문에 그들을 돌려보냈습니다.

다음 날 아침에 나는 일부러 소작인들을 모아 제방 수리를 했습니다. 그러자 나를 감시하러 왔던 일본 헌병들도 정오가 되자 돌아가 버렸습니다. 그 즉시 소작인들에게,

"잠시 이웃 마을에 다녀올 테니, 잘들 마무리해 주시오."

라고 말했습니다. 그리고 어머니와 아내에게만 상해로 간다고 말한 뒤, 안악읍에 있는 김용진에게 여비를 받아 출발했습니다.

신의주행 기차에 오르니 온통 만세 부르는 이야기뿐이었습니다. 평양을 지날 때도 마찬가지였습니다.

"우리가 죽지 않고 독립이 되겠소?"

"독립은 벌써 되었지요. 아직 왜가 물러가지만 않은 것뿐이지. 전국에서 다 들고일어나 만세를 부르면 왜놈들이야 자연히 쫓겨나고야 말지요."

사람들의 이야기를 듣고 있으니 배고픈 줄도 몰랐습니다.

신의주역에서 내리니 개찰구에 왜놈이 지키고 서서 엄격히 검사했습니다. 나는 다른 짐 보따리는 없고 수건에 여비만 싸서 *요대에 잡아매었습니다.

"이건 무엇이냐?"

왜놈이 요대를 가리키며 물었습니다.

"돈이오. 간도로 목재를 사러 가는 중이오."

왜놈은 별말 없이 보내 주었습니다. 나는 중국인의 인력거를 불러 타고 안동현의 한 여관으로 갔습니다. 거기서 좁쌀 장수로 행세하며 지내다 일주일 뒤 동지들과 배를 타고 상해로 향했습니다. 그 배에 탄 동지는 모두 15명이었습니다. 안동현에서 얼음덩이가 첩첩이 쌓인 것을 보았는데, 황포 선창에 내리니 녹음이 우거졌습니다.

이때부터 나의 오랜 망명 생활이 시작되었습니다. 내 나이 마흔 넷이었습니다.

요대(腰帶) 허리띠.

17. 임시 정부 국무령이 되다

상해에는 삼일 운동 뒤 국내에서 탈출해 온 애국지사와 곳곳에서 모여든 독립 운동가 등 그 수가 500여 명에 이르렀습니다. 이들은 각 지방 대표자들로 구성된 임시 의정원 회의를 열고 대한민국 임시 정부를 세우기로 했습니다. 나도 황해도 대표로 그 회의에 참석했습니다.

임시 정부는 국무총리를 우두머리로 하고, 그 밑에 내무·외무·법무 등 각 부처를 두었습니다. 첫 국무총리로 뽑힌 사람은 이승만이었습니다. 그런데 그는 미국에서 오지 않아 안창호가 내무 총장 일을 보면서 국무총리 일까지 맡아 보았습니다.

"안 총장, 내가 서대문 감옥에 있을 때부터 소원이 하나 있었소. 어느 때든 독립 정부가 조직되거든 내가 그 집 마당을 쓸고 유리창을 닦고 싶었소. 그러니 나에게 임시 정부의 문지기를 맡게 해 주시오."

어느 날, 나는 안창호에게 말했습니다. 아울러 내가 이름과 호를 바꾼 이유도 말해 주었습니다.

"역시 백범답습니다. 내가 미국에서 보니 백악관만 지키는 관리가 있었소. 우리도 백범 같은 이가 정부 청사를 수호하게 된다면 든든할 테니 국무 회의를 열어 의논해 보겠소."

그런데 다음 날 안창호는 갑자기 나에게 경무 국장 임명장을 주며 취임할 것을 권했습니다.

그때는 국무 회의에 각 부 총장들이 아직 다 취임하지 않았으므로 각 부의 차장이 총장의 직권을 대신하여 국무 회의를 진행하던 때였습니다. 당시 차장은 젊은 청년들이었는데, 노인에게 문을 여닫게 하고 통과하기가 미안하다며 내가 여러 해 감옥 생활로 왜놈의 실정을 잘 알 터이니 경무 국장이 적합하다고 했습니다. 경무 국장 자리는 경찰관, 판사, 검사에다 형무관까지 맡아 해야 하는 중요한 자리였습니다. 게다가 일본의 정탐 활동을 막고, 독립 운동가가 일본에 항복해 들어가는 것을 막는 것도 경무국의 일이었습니다.

"나는 순사의 자격도 되지 못하는데, 경무 국장을 어찌 감당할 수 있겠소?"

"만일 백범이 거절한다면 여러 사람들은 청년 차장들의 부하되기가 싫다는 것으로 생각할 것이오. 그러니 거절하지 말고 맡아 주시오."

안창호는 이렇게 말하며 거듭 권했습니다. 그 때문에 나는 하는 수 없이 승낙했습니다.

경무국 일을 보던 중, 본국 소식을 들으니 왜놈들이 나의 '국모 보수 사건(치하포 사건)'을 24년 만에 비로소 알게 되었다고 합니다. *양서 지방에서는 모든 사람들이 다 알던 그 일이 이같이 오랜 세월 동안 감추어져 온 것은 참으로 드물고 기이한 일입니다.

1909년 내가 황해도 교육자들과 해서 교육 총회를 조직하고 학무 총감 직을 맡았을 때, 해서 각 군을 돌며 학교나 대중들에게 왜놈을 다 죽여 우리 원수를 갚자고 연설했었습니다. 그리고 나를 본받으라고 매번 치하포 사건을 말했었으니 사람들이 모를 리 없었습니다. 그런데 정탐꾼마저도 그 사실만은 왜놈에게 보고하지 않았던 것입니다.

그러다 내가 본국을 떠났을 때야 비로소 그 사실이 왜놈들에게 알려졌으니, 나는 이 일 한 가지만 봐도 우리 민족의 애국심이 장래에 충분히 독립을 하고도 남으리라 생각했습니다.

1920년, 아내가 아들 인이를 데리고 상해로 건너왔습니다. 어머니는 장모와 같이 동산평에 계셨는데, 장모가 돌아가시자 어머니마저 상해로 건너오셔서 이제야 재미있는 가정을 이루었습니다. 그로부터 2년 뒤, 아들 신(信)이 태어났습니다. 그러나 아내는 신이를 낳은 뒤 시름시름 앓더니 폐렴에 걸렸습니다. 홍구 병원에 입원했으나 아내는 결국 세상을 떠나고 말았습니다.

나는 우리가 독립운동 기간 중 혼례나 장례를 성대하게 해서 돈을

양서(兩西) 황해도와 평안도를 아울러 이르는 말.

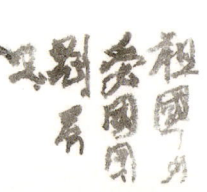

소비하는 것에 찬성하지 않았으므로 아내의 장례를 아주 검소하게 할 생각이었습니다. 그러나 아내가 나 때문에 많은 고생을 했고, 이는 곧 나라 일에 공헌한 것이라며 동지들이 각기 돈을 모아 장례를 성대하게 지내고 묘비까지 세워 주었습니다.

신이는 아직 젖을 먹으며 겨우 걸음마를 익힐 때였습니다. 그 때문에 우유를 먹였고, 잘 때는 반드시 할머니의 빈 젖을 물고야 잠이 들었습니다. 그렇게 지내던 어느 날,

"나라 일만 생각해야 할 네가 집안일에 정신을 써서야 되겠느냐. 아무래도 내가 신이를 데리고 본국으로 들어가야겠다."

어머니는 이렇게 말하고 신이를 데리고 고국으로 가셨습니다. 다음 해, 어머니의 뜻으로 인이까지 고국으로 보내고 상해에는 나 혼자 외롭게 남게 되었습니다.

그 무렵 임시 정부는 여러 가지로 사정이 어려웠습니다. *연통제를 통해 임시 정부의 자금이 마련되었는데, 함경남도에서 이 사실이 왜놈들에게 발각되어 각 도의 조직이 파괴되고, 비밀 사명을 띠고 간 수많은 동지들이 체포되었습니다. 또 처음에는 큰 뜻을 품고 상해에 온 열성적인 청년들도 점차 먹고살기 위해 여기저기로 흩어졌습니다. 심지어 일본 경찰에 항복하여 그들의 앞잡이가 되는 사람도 있었습니다. 그러다 보니 천여 명이던 독립 운동가의 수가 점점 줄어들어 겨우 수십 명에 불과하게 되었습니다.

연통제(聯通制) 국내외의 독립운동을 지휘·감독하기 위해 곳곳에 설치한 비밀 연락망.

그즈음 내무 총장으로 있던 나는 임시 정부의 우두머리인 국무령으로 선출되었습니다. 그러나 어려운 때라 임시 정부 안에서 자고, 밥은 직업 있는 동포들 집에서 얻어먹으며 지내니, 거지 중의 상거지였습니다. 상해에 사는 동포들은 모두 가난했지만 내 처지를 잘 아는 터라 더없이 친절하게 대해 주었습니다.

18. '일본 영감' 이봉창

    임시 정부는 점점 정부라는 이름마저 지켜 내기 어려운 지경에 이르렀습니다. 예전에는 눈 푸르고 코 큰 영국·불란서(프랑스)·미국 친구들도 더러 임시 정부를 방문했었습니다. 그러나 이제 서양인이라고는 불란서 경찰이 왜놈을 데리고 사람을 잡으러 오거나 세금 독촉하러 오는 일 외에는 없었습니다. 그처럼 독립운동도 부진하고 내 나이도 죽을 때가 가까워졌으니, '호랑이 굴에 들어가지 않으면 호랑이 새끼를 얻지 못한다.'는 말처럼 무슨 일이든 하지 않으면 안 된다는 생각이 들었습니다. 그래서 시작한 것이 편지 정책이었습니다. 어떻게든 임시 정부를 일으킬 목적으로 미국·하와이 동포들에게 임시 정부의 사정을 알리는 편지를 써 보냈습니다. 그러자 답장을 보내오는 동포들이 점점 늘어났고, 모금을 해서 돈을 보내 주기도 했습니다.

    한편으로는 나는 일본의 주요 인물을 암살할 목적으로 한인애국단을 만들고, 나라를 위해 말로써가 아니라 온몸을 던져 실천할 수 있는 이를 찾고자 애썼습니다.

그러던 중 하루는 중년의 동포가 찾아왔습니다.

"저는 경성 용산 출생의 이봉창이라고 합니다. 일본에서 노동을 하다가 독립운동을 하고 싶어 찾아왔습니다."

나는 몇 가지를 질문한 뒤, 다음날 다시 이야기하자고 했습니다. 그는 말의 절반이 일본어고, 동작 또한 일본인과 흡사해서 특별히 조사할 필요가 있다고 생각되었습니다.

며칠 뒤, 이봉창은 우리 사무실 주방에서 직원들과 함께 술을 마셨습니다. 술이 얼큰하게 취하자 목소리가 커져서 그들이 주고받는 이야기가 문밖까지 흘러나왔습니다.

"당신들은 독립운동을 한다면서 일본 왕을 왜 못 죽입니까?"

이봉창의 목소리였습니다.

"보잘것없는 문무관도 죽이기가 쉽지 않은데, 일본 왕을 죽이기가 어디 그리 쉽겠소?"

"내가 작년 동경에서 일본 왕이 *능행한다고 길 가는 사람들을 엎드리라고 하기에 엎드렸지요. 그때 엎드려서 생각하기를, 지금 내게 폭탄이 있다면 저놈을 쉽게 죽일 수 있지 않을까 싶었습니다."

이봉창의 말을 유심히 들은 나는 그날 저녁, 그가 묵고 있는 여관으로 살며시 찾아갔습니다. 많은 이야기를 나눠 보니 그는 겉모습과는

능행(陵幸) 임금이 능에 거둥함.

달리 의기가 가득했고, 민족을 위해 목숨을 버리겠다는 큰 뜻을 품고 있었습니다.

"제 나이 31세입니다. 그동안 자유롭게 떠돌며 인생의 즐거움은 대강 맛보았습니다. 다시 31년을 더 산다 해도 젊은 시절에 비하면 얼마나 더 행복하겠습니까? 그런 까닭에 이제는 영원한 행복을 얻기 위해 독립 사업에 이 몸을 바치고자 합니다. 그러니 제게 방법을 알려 주십시오."

나는 이봉창의 위대한 인생관을 보고 감동의 눈물이 벅차오름을 누를 길이 없었습니다.

"1년 이내에 그대가 뜻을 이룰 수 있도록 준비해 주겠소. 그런데 지금은 우리 정부의 형편이 어려워 그대가 살아갈 방도를 마련해 주기 어렵소. 또한 장래 계획을 위해서는 우리 기관 가까이 있는 것이 불리하니 어찌하면 좋겠소?"

"일본에 있을 때 저는 일본인의 양자가 되어 일본 이름으로 지냈습니다. 이번에 상해로 오면서도 이봉창이란 본명은 쓰지 않았으니 앞으로도 일본인으로 행세하겠습니다. 일을 준비하실 동안 일본인의 철공장에 취직해 지낼 테니 제 걱정은 마십시오."

그 뒤부터 그는 종종 술과 고기, 국수를 사 와서 사무실 직원들과 함께 먹었습니다. 직원들이 자주 굶는 걸 보았기 때문입니다. 그는 취하면 곧잘 일본 노래를 유창하게 부르며 *호방하게 놀았습니다. 그 때문

호방(豪放)하다　의기가 장하여 작은 일에 거리낌이 없다.

에 '일본 영감'이란 별명이 붙었습니다.

이봉창을 만난 지도 그럭저럭 1년 가까이 되었습니다. 그 무렵 하와이에서 몇백 달러의 미화를 보내왔습니다. 드디어 자금이 마련된 것입니다.

1931년 12월 중순경 나는 이봉창을 비밀리에 여관으로 불렀습니다. 하룻밤을 같이 자면서 내 계획을 알려 주고 일본행에 대한 여러 가지 문제를 상의했습니다. 혹시 붙잡혔을 경우를 대비해 신문에 응할 문구까지 알려 주었습니다.

다음 날, 품속에서 지폐 한 뭉치를 꺼내 이봉창에게 주며 일본행에 필요한 준비를 해서 다시 오라고 했습니다. 이틀 뒤, 여관에서 그를 다시 만나 마지막 밤을 지내고, 그 길로 함께 안공근의 집에 가서 한인애국단 입단 선서식을 했습니다. 미리 준비한 폭탄 두 개와 돈 300원을 여비로 주고 사진관으로 향했습니다.

"저는 영원한 행복을 누리고자 이 길을 떠나는 것입니다. 그러니 우리 두 사람이 기쁜 얼굴로 사진을 찍으십시다."

기념사진을 찍을 때 이봉창이 말했습니다. 나도 모르게 얼굴에 슬픈 빛이 깃든 모양이었습니다. 나는 억지로 미소를 짓고 사진을 찍었습니다.

차에 오른 이봉창은 머리 숙여 마지막 경례를 했고, 무정한 차는 한 번 경적 소리를 내고는 홍구 방면으로 내달렸습니다.

드디어 1932년 1월 8일.

이날은 일본이 만주를 점령하고 세운 만주국의 왕이 동경을 방문해서 환영 행사가 열리는 날이었습니다. 이봉창은 일본 천황이 지나가는 길목을 지키고 있다가 폭탄을 던질 계획이었습니다.

그날 밤, 가슴을 졸이며 중국 신문을 보던 나는 눈앞이 캄캄해지는 것 같았습니다.

  한인 이봉창이 일본 천왕에게 폭탄을 던졌으나 불행히 맞지 않았다.

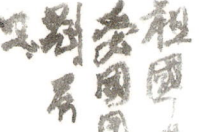

이런 기사가 실려 있었던 것입니다.

"왕을 죽인 것만은 못하지만, 정신적으로는 우리가 그를 죽인 것입니다. 이것은 우리 민족의 의기를 세계만방에 확실히 보여 준 것이니 성공한 거사입니다."

동지들은 이렇듯 나를 위로해 주었지만 나는 몹시 안타까웠습니다.

다음 날 아침, 불란서 공무국에서 비밀 통지가 왔습니다.

10여 년 동안 불란서에서 김구를 보호해 왔으나, 이번에 김구가 부하를 보내서 일본 황제에게 폭탄을 던진 사건에 대해 일본이 반드시 체포 인도를 조회해 올 것입니다. 그런 까닭에 불란서가 일본과 전쟁을 하기로 결심하기 전에는 더 이상 김구를 보호하기 힘듭니다.

라는 내용이었습니다.

그런데 중국의 국민당 기관지인 〈민국일보〉뿐 아니라 중국의 수많은 지방 신문들도 이봉창 의거에 대해 '불행히 맞지 않았다.'라고 보도했습니다. 그러자 일본 군대와 경찰은 민국일보사로 쳐들어가 파괴하는 한편, 중국 정부에 강력히 항의했습니다. 결국 일본의 압력에 못 이겨 중국 정부는 각 신문사를 폐쇄했습니다.

이봉창 의거가 세계에 알려지자 미국·하와이·멕시코·쿠바의 우리 동포들로부터 편지가 태평양을 건너서 눈송이처럼 날아들었습니다. 앞으로 자금을 계속 보내 줄 테니 더욱 훌륭한 일을 해 달라는 격려 편지였습니다. 그중에는 이전에 임시 정부를 반대하던 동지들도 있었습니다.

  이 사건을 계기로 많은 열혈 청년들이 비밀리에 나를 찾아왔습니다. 그들은 나랏일에 헌신할 테니 알맞은 일감을 달라고 간청했습니다. 내 머릿속에 묘한 방법들이 가득하다고 생각한 모양이었습니다. 그리하여 이덕주, 유진식에게 왜놈 총독 암살을 명하는 등 새로운 계획을 세워 나갔습니다.

19. 윤봉길과의 만남

어느 날, 홍구 시장에서 채소 장사를 하는 윤봉길이 나를 찾아왔습니다.

"제가 채소 바구니를 등 뒤에 메고 날마다 홍구 방면으로 다니는 것은 상해에 온 큰 뜻을 달성하기 위해서입니다. 선생님께서는 동경 사건과 같은 경륜이 있으시니 저를 믿고 지도해 주시면 그 은혜는 죽어도 잊지 못할 것입니다."

나는 예전에 그를 본 적이 있었습니다. 그저 학식 있는 진실한 청년 노동자로 생각했었는데, 지금 보니 큰 뜻을 이룰 만한 의로운 대장부였습니다.

"뜻을 품으면 결국 이룬다 했으니 안심하시오. 마침 내가 요즘 계획한 일이 있는데, 마땅한 사람이 없어 고민하던 중이었소. 지금 왜놈들이 상해 사변에서 중국을 이겼다고 의기양양해서 4월 29일 홍구 공원에서 일본 천황의 생일을 축하하는 의식을 성대하게 치를 모양이오. 그러니 큰 뜻을 이날에 이뤄 보는 게 어떠하오?"

"예, 제가 바라던 일입니다. 준비해 주십시오."

윤봉길은 이렇게 말하고 숙소로 돌아갔습니다.

그런데 때마침 왜놈의 상해 영사관은 일일 신문을 통해 다음과 같이 알렸습니다.

4월 29일 홍구 공원에서 천장절 축하식을 거행한다. 그날 식장에 참석하는 자는 물병 하나와 점심으로 도시락, 일본 국기 하나씩을 가지고 입장하라.

나는 하늘이 돕는구나 싶었습니다. 그 즉시 물통과 도시락 폭탄 등 필요한 준비를 시작했습니다. 그동안 윤봉길도 일본식 양복으로 갈아입고 날마다 홍구 공원으로 나가 식장 설치하는 것을 살펴보며 거사할 위치를 점검했습니다.

1932년 4월 29일 새벽, 나는 윤봉길과 같이 김해산의 집에 가서 마지막으로 함께 아침밥을 먹었습니다. 전날 김해산 부부에게 윤봉길이 중대 임무를 띠고 멀리 가니 쇠고기를 사다가 아침밥 준비를 해 달라고 부탁해 둔 터였습니다. 윤봉길은 태연한 모습으로 밥을 먹었습니다. 그때 7시를 치는 종소리가 들렸습니다.

"이 시계는 어제 한인애국단 입단 선서식을 마치고 선생님 말씀에 따라 6원을 주고 산 것입니다. 선생님 시계는 2원짜리지요. 제게는 이제 1시간밖에 소용없으니 저랑 바꾸시지요."

윤봉길은 자기 시계를 내밀며 말했습니다. 나는 기념품으로 그의 시계를 받고 내 시계를 주었습니다. 자동차를 타면서 그는 가지고 있던 돈도 꺼내 내 손에 쥐여 주었습니다.

"약간의 돈을 가지는 것이 무슨 방해가 되겠소?"

"아닙니다. 자동차 요금을 주고도 5~6원은 남겠습니다."

그러는 사이 자동차는 서서히 움직이기 시작했습니다.

"후일 저세상에서 만납시다."

나는 목멘 소리로 마지막 작별의 말을 건넸습니다. 그는 차창으로 나를 향하여 머리를 숙였습니다. 자동차는 엔진 소리를 높이 울리며 천하 영웅 윤봉길을 싣고 홍구 공원으로 달렸습니다.

나는 그 길로 편지 한 통을 써서 급히 안창호 선생에게 보냈습니다. 오늘 큰 사건이 발생할 듯하니 오전 10시경부터 댁에 계시지 말라는 내용이었습니다. 그런 다음 이동녕 선생을 찾아가 그동안의 경과를 보고했습니다.

오후 3시가 되자 신문 *호외가 터져 나왔습니다.

홍구 공원 일본인의 경축대 위에서 폭탄이 터져 민단장 가와바다는 그 자리에서 죽고, 시라카와 대장, 시게미츠 대사, 우에다 중장, 노무라 중장 등 문무 대관이 모두 중상. 미처 자결하지 못한 범인은 '대한 독립 만세!'를 크게 외치며 일본 헌병에게 끌려갔다.

일본인 신문에서는 '중국인의 소행'이라고 나왔으나, 그다음날 각 신문에는 한결같이 윤봉길의 이름이 크게 실렸습니다.

호외(號外) 특별한 일이 있을 때에 임시로 발행하는 신문이나 잡지.

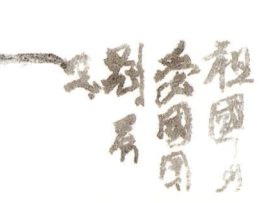

곧이어 불란서 *조계지에 대한 대대적인 수색이 벌어졌습니다. 윤봉길과 조금이라도 관련이 있어 보이는 사람은 모두 잡아들였습니다. 나는 안공근, 엄항섭, 김철과 함께 전부터 친분이 있는 미국인 피치를 찾아갔습니다.

"걱정 마시고 저희 집에서 편히 지내세요."

피치 부부는 기쁜 마음으로 우리들을 받아 주었습니다. 그곳에서 우리는 2층을 전부 사용했고, 피치 부인의 정성 어린 식사까지 대접받았습니다.

피치 댁 전화로 불란서 조계지 내에 있는 우리 동포들에게 연락해 보니, 수많은 동포들이 체포되었다고 했습니다. 그중에는 안창호 선생도 있었는데, 내 편지를 받고 그날은 아무 일도 없겠거니 하고 주의하지 않은 탓이었습니다. 나는 그들을 구해 내기 위해 돈을 주고 서양인 변호사를 고용했으나 별 효과가 없었습니다. 그래서 잡혀간 동지들의 생계를 돕고, 도망치고자 하는 이가 있으면 여비를 마련해 주었습니다.

날마다 일본 경찰이 사람들을 잡으러 돌아다니니 우리 임시 정부와 동지들, 심지어 부녀 단체인 애국부인회까지도 전혀 활동을 할 수 없게 되었습니다.

"아무래도 진실을 공개해야겠소. 나 때문에 수많은 애국자와 동포가 수난을 당하니, 이대로 보고 있을 수만은 없소."

내 말에 동지들은 위험하다며 펄쩍 뛰었습니다. 하지만 나는 엄항섭

조계지(租界地) 19세기 후반에 영국, 미국, 일본 등 8개국이 중국을 침략하는 근거지로 삼았던, 개항 도시의 외국인 거주지. 외국이 행정권과 경찰권을 행사하였으며, 한때는 28개소에 이르렀으나 제2차 세계 대전 이후에 폐지되었다.

에게 선언문을 작성하게 했습니다. 그것을 피치 부인에게 부탁해 영문으로 번역해서 *로이터 통신에 투고했습니다. 이 발표로 세계 각국에서는 동경 사건과 상해 홍구 사건의 주모자가 나라는 사실을 알게 되었고, 일본 경찰은 나에게 엄청난 금액의 현상금을 내걸었습니다.

그런데 윤봉길의 거사 성공으로 중국인들이 우리 한인을 대하는 태도가 놀랄 만큼 좋아졌습니다. 그동안은 일본의 계략으로 만보산 사건이 터지는 등 한국인과 중국인 간에 감정이 나빠져 곳곳에서 싸움이 벌어지던 터였습니다.

또 미주(미국), 하와이, 멕시코, 쿠바 등지의 한인 교포들의 임시 정부에 대한 성원이 대단해졌습니다. 동경 사건이 성공은 못했지만 조금이라도 민족혼을 떨친 터에 이번 홍구 사건이 대성공을 거두었기 때문입니다. 이로부터 임시 정부의 자금으로 쓰라는 돈이 여기저기서 들어왔습니다. 하지만 나는 더 이상 상해에 머물 수 없게 되었습니다. 그동안 숨어 지내던 피치의 집이 들통 난데다 20만 원이던 현상금이 60만 원으로 올라 나만 잡으면 큰 부자가 될 판이었습니다. 결국 상해를 떠나 '장진구' 혹은 '장진' 으로 행세하면서 가흥의 여기저기로 떠돌며 지냈습니다.

로이터(Reuter) 통신 1851년에 로이터(Reuter, P.J. von)가 설립한 영국의 국제 통신사. 영연방의 신문사들로 이루어진 전 세계에 통신망을 가지고 있는 국제적인 통신사이다.

20. 한국당과 정당 통일을 위한 노력

내가 가흥에서 남경으로 온 것은 1933년 여름이었습니다. 중국국민당 주석인 장개석과의 면담 후 계획한 일을 하기 위해서는 중국 정부가 있는 남경으로 옮기는 게 나을 것 같았기 때문입니다. 얼마 뒤, 본국에 계시던 어머니는 인이와 신이를 데리고 와 가흥에서 지내셨고, 나는 숨어 지내며 한인특무독립군을 조직하는 등 민족 운동을 꾸준히 했습니다.

그 무렵 의열단, 신한독당, 조선혁명당, 한국독립당, 미주대한인독립단의 5당을 통일하여 조선민족혁명당이 만들어졌습니다. 그때 나는 당을 통일하는 것은 좋으나 각 당마다 통일 목적이 다른 통일에는 뜻을 같이할 수 없다고 거절했습니다. 그런데 조선민족혁명당 속에 임시정부 국무 위원인 김규식, 조소앙, 양기탁, 유동열, 최동오 등이 포함돼 있다는 소식을 조완구 선생에게 듣게 되었습니다.

"일곱 명의 국무 위원 중 다섯 명이 참가했으니, 이제 임시 정부는 이름만 남은 거나 마찬가집니다. 그러니 임시 정부를 해산합시다."

내가 이렇게 말하자 송병조, 차이석 두 선생은 반대하며 새롭게 국무 위원을 뽑자고 했습니다. 그래서 가흥으로 가서 호수에 배를 띄워 놓고 선상 회의를 열었습니다. 이동녕, 안공근, 안경근, 엄항섭, 이시영, 조완구, 김붕준, 양소벽, 송병조, 차이석 등 여러 선생들이 참가해 회의는 뜨거운 열기 속에서 진행되었습니다. 그 결과, 임시 정부를 계속 유지하기로 했으며, 새롭게 이동녕, 조완구와 나를 국무 위원으로 선출했습니다.

이렇게 해서 임시 정부가 유지되자 나는 여러 동지들의 동의를 구해 한국국민당을 조직했습니다. 이번 5당 통일의 경험으로 임시 정부의 존재 자체가 흔들리는 것은 임시 정부를 유지할 만한 배경 단체가 없기 때문이라고 생각한 까닭이었습니다. 이런 사실을 알게 된 일본은 나를 잡기 위해 더욱 안달이었습니다.

그러다 1937년 7월 7일, 중·일 전쟁이 벌어졌습니다. 중국 어느 곳도 안전한 곳이 없었습니다. 그 때문에 우리 임시 정부는 상해에서 남경으로, 남경에서 다시 장사로 옮겨 다녀야만 했습니다. 물가가 싼 탓에 장사에서는 제법 풍족한 생활을 할 수 있었습니다. 미국 교포들의 꾸준한 후원도 있었고, 호남성 주석으로 새로 부임한 장치중 장군이 나와는 매우 친한 사이였기 때문에 많은 도움을 받을 수 있었습니다.

장사는 일본의 힘이 크게 미치지 못하는 안전한 곳이었습니다. 그 때문에 나는 오랫동안 쓰던 가명을 버리고 본명을 썼습니다. 또 독립운동을 펼치는 여러 단체들을 통합하기 위한 활동도 펼쳤는데, 3당 통합 운동이 그중의 하나였습니다. 남경 시절 하나로 통일되었던 5당은 이미 다시 분열된 상태였습니다. 3당 통합은 이청천, 유동열, 황학수 등이 중심인 조선혁명당과 조소앙이 창립한 한국독립당 그리고 내가 창당한 한국국민당을 통합하자는 것이었습니다. 통합 문제는 많은 진전을 이뤄 조선혁명당 본부인 남목청에 모여 본격적으로 논의하기로 하고 나도 참석했습니다.

그러나 회의는 무사히 끝나지 못했습니다. 이운한이라는 자가 회의장에 침입하여 권총을 쏜 탓이었습니다. 이 때문에 이청천만 가벼운 상처를 입고, 나와 유동열은 중상, 현익철은 숨지고 말았습니다. 나는 목숨은 건졌지만 가슴에 박힌 총탄은 끝내 빼내지 못했습니다.

호남성 주석인 장치중 장군은 친히 내가 입원한 의원을 방문하고 치료비는 얼마가 들든지 호남성 정부에서 담당하겠다고 했습니다. 장개석 장군도 하루에도 두세 번 전보로 내 상태를 묻고, 퇴원할 때에는 돈 3,000원을 요양비로 쓰라고 보내 주었습니다.

그러던 중 장사가 또 위험하게 되었습니다. 우리 3당의 100여 명 가족은 광주로 옮겼으나 광주마저 일본에게 함락되어 다시 유주로, 유주에서 기강으로 옮겨 가야 했습니다.

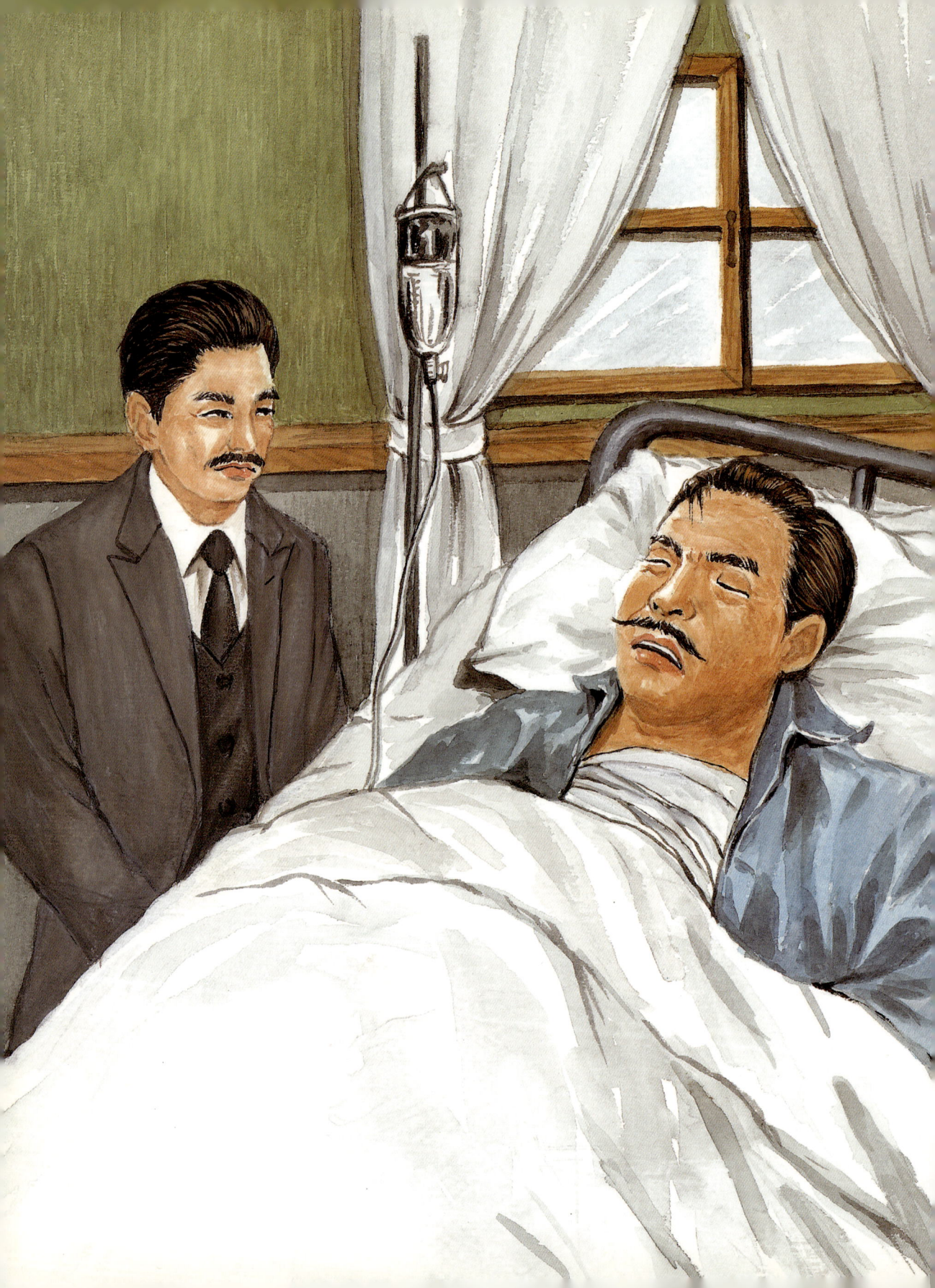

내가 여기 와서 한 일은 세 가지였습니다. 첫째는 차를 얻어서 임시 정부 대가족을 실어 오는 일이요, 둘째는 미국, 하와이와 연락하여 경제적 후원을 받는 일이요, 셋째로는 장사에서부터 말은 있었으나 이루지 못한 여러 단체의 통일을 완성하는 것이었습니다.

대가족도 안정이 되고 미주와 연락도 되었으므로 나는 셋째 사업인 단체 통일에 정신을 쏟았습니다. 우선 중경에서 강 건너 아궁보에 있는 조선의용대와 민족혁명당 본부를 찾았습니다. 김원봉은 계림에 있었으나 김두봉, 윤기섭 등 간부들이 나를 위해 환영회를 열었습니다. 그 자리에서 내가 모든 단체를 통일해서 민족주의의 단일당을 만들 것을 제의하자 그 자리에 있던 이는 모두 찬성했습니다. 한 걸음 더 나아가서 미주와 하와이에 있는 여러 단체에도 참가를 권유하기로 의견을 모았습니다. 그러나 하와이에서는,

> 통일은 찬성하지만 김원봉은 공산주의자요. 선생이 공산당과 합작하여 통일하는 날, 우리 미국 교포와는 인연이 끊어지는 줄 하시오.

라는 답장이 왔습니다. 그래서 나는 김원봉과 상의한 결과, 그와 내 이름으로 '민족 운동이야말로 조국 광복에 필요하다.'는 뜻의 성명서를 발표했습니다. 그런데 이번에는 국민당 간부들이 당 연합을 통한 통일에는 찬성하지만 당을 해산하고 공산주의자들과의 단일당 조직은 반

대한다고 입장을 밝혔습니다. 나는 국민당 전체 회의를 여는 등 온갖 노력을 통해 1개월 만에 비로소 단일당으로 모든 당들을 통일하자는 의견에 합의를 얻었습니다. 그래서 민족 운동 진영인 한국국민당, 한국독립당, 조선혁명당과 공산주의 전선인 조선민족혁명당, 조선민족해방동맹, 조선민족전위동맹, 조선혁명자연맹의 일곱으로 된 7당 통일 회의를 열게 되었습니다.

회의가 진행됨에 따라 민족 운동 쪽으로 의견이 기울자 해방동맹과 전위동맹은 민족 운동을 위해 공산주의 조직을 해산할 수 없다며 자리를 떠났습니다. 이렇게 되니 7당이 5당으로 줄어서 민족주의적인 새 당을 조직하고 8개조의 협정에 5당의 당수들이 서명했습니다.

드디어 5당의 통일이 성공했으므로 며칠을 쉬고 있는데, 민족혁명당 대표 김원봉이 갑자기 탈퇴를 선언했습니다. 그 이유는 당의 간부들과 그가 거느리는 청년 의용대가 공산주의를 버릴 수 없으니 만일 8개조의 협정을 수정하지 않으면 그들이 다 떠날 것이라는 것입니다.

결국 5당 통일도 실패로 돌아갔습니다. 나는 민족 진영 3당의 동지들과 미주, 하와이 여러 단체에 내 잘못을 사과하고 원동 지역 3당만을 통일하여 새로 한국독립당이 생기게 되었습니다. 그런데 하와이애국단과 하와이단합회가 한국독립당의 하와이 지부가 되었으니, 결국 5당 통일은 된 셈이었습니다. 임시 의정원에서는 나를 국무회의의 주석으로 선출해 대내외에 책임을 지도록 했습니다.

생의 후반기

21. 광복군 창설

1940년, 임시 정부 대가족은 토교로 이사했습니다. 중국 정부에서는 우리 대가족을 위해 토교 동감 폭포 위쪽에 기와집 세 채를 짓고, 도로변에 2층 기와집 한 채를 사 주었습니다. 나는 그 밖에도 우리의 독립운동에 관한 도움도 청했지만 그 부분에 대해서는 아무 대답이 없었습니다. 그래서 중앙 정부에 있는 서은증을 만났습니다.

"중국이 일본군에게 여러 도시를 빼앗겨 힘든 이 시기에 우리까지 도움을 청하기 미안하오. 미국에 있는 만여 명의 동포들이 나를 보고 싶어 하고, 미국은 *부국인데다 장차 일본과 전쟁을 준비 중이니 가서 외교도 터 보고 싶소. 그러니 여행권만 좀 부탁하오."

"선생이 중국에 오랫동안 계셨으니 중국과 약간의 관계를 맺고 난 뒤 해외로 나가는 것이 좋지 않겠소? 내가 책임지고 올릴 테니 사업 계획서를 작성해서 보내 주시오."

부국(富國)　나라를 부유하게 만듦. 또는 그 나라.

서은증이 이같이 말했습니다.

나는 수년 전 상해를 떠나 가흥을 떠돌 때 박찬익을 통해 중국국민당 주석인 장개석과 면담을 한 적이 있었습니다. 그때 100만 원의 자금을 부탁하며 폭파 공작에 대한 상세한 계획서를 보냈었습니다. 그때 장 주석은,

"특무 공작으로 일왕을 죽이면 일왕이 또 있고, 대장을 죽이면 대장이 또 있으니 장래의 독립 전쟁을 위해 무관을 양성함이 어떠하시오?"

라는 의견을 알려 왔습니다. 사실 그것이야말로 내가 진실로 바라던 바였습니다. 그래서 장 주석으로부터 자금 약속을 받고 하남성 낙양군관학교에 한인 훈련반을 만들었습니다. 그러나 아쉽게도 일본의 방해로 이 군관 학교는 결국 폐쇄되고 말았습니다. 그 뒤로 늘 광복군 창설의 꿈을 품어 왔었습니다.

그 때문에 나는 장차 독립한 한국 국군의 기초가 될 광복군 조직 계획서를 만들어서 서은증에게 보냈습니다. 곧 좋다는 답이 왔습니다. 이에 임시 정부에서는 이청천을 광복군 총사령으로 임명하고, 모든 힘(미주와 하와이 동포가 보내 준 돈 4만 원도 포함)을 다해 중경 가능빈관에 중국인, 서양인 등 중요 인사를 초청해 한국광복군 성립식을 거행했습니다. 이때가 1940년 9월 17일로, 내 나이 예순여섯이었습니다.

그리고 30여 명 간부를 서안으로 보내 조성환과 함께 한국광복군

사령부를 설치했습니다. 1942년 7월에는 조선의용대가 광복군으로 편입되어 김원봉이 제1지대장, 이범석이 제2지대장, 김학규가 제3지대장으로 임명되었습니다. 이렇게 창설된 광복군이었으나 인원이 많지 않아 거의 이름만 유지하고 지냈습니다.

　이 무렵 독립당과 임시 정부, 광복군의 비용 일체는 미주, 멕시코, 하와이에 있는 동포들이 보내 주는 돈으로 썼습니다. 장개석 부인 송미령 여사가 대표하는 부녀위로총회가 중국 돈 10만 원을 기부하기도 했습니다.

　그러던 중 1945년 1월 뜻밖의 사건이 벌어졌습니다. 중경에 있는 임시 정부 사무실로 50여 명의 청년들이 가슴에 태극기를 달고 애국가를 부르며 찾아왔습니다. 이들은 우리나라 대학생들로, 일본 군대에 끌려가 중국 전선으로 *출전했다가 도망쳐 온 것입니다. 안휘성 부양의 광복군 제3지대를 찾아온 것인데, 지대장 김학규가 임시 정부로 보냈습니다.

이 사실은 중국인에게 큰 감동을 주었고, 중한문화협회에서 환영회를 열어 주었습니다. 이 자리에 서양 여러 나라의 통신 기자들이며 대사관원들이 참석해 우리 학병들에게 여러 가지 질문을 했습니다.

"우리는 어렸을 때부터 일본의 교육을 받아서 우리의 역사는커녕 국어도 잘 모릅니다. 일본 유학 중 징병으로 싸움터에 나가게 되어 마지막 인사차 귀국했더니, '우리의 독립 정부가 중경에 있으니 왜군 앞잡이로 끌려다니다가 죽지 말고 우리 정부를 찾아가서 독립 전쟁을 하다가 영광스럽게 죽거라.'라고 부모님께서 비밀리에 말씀해 주셨습니다. 우리는 이 말에 따라 죽음을 무릅쓰고 우리 정부를 찾아온 것입니다."

그들의 말에 우리 동포들뿐 아니라 외국인들까지 감격했습니다.

이 사건으로 인해 우리 광복군이 연합국의 주목을 끌게 되어 미국 전략사무국과 합동 훈련을 하게 되었습니다. 나는 가슴이 벅차올랐습니다. 이는 우리 군대가 본국으로 쳐들어가는 정탐과 파괴 임무를 수행할 수 있도록 하는 훈련이었기 때문입니다. 훈련을 받은 대원들이 분대별로 나뉘어 비행기나 잠수함을 타고 비밀리에 국내로 들어가, 연합군이 상륙하면 힘을 합쳐 일본군을 쳐부순다는 계획이었습니다.

출전(出戰) 싸우러 나감. 또는 나가서 싸움.

예정대로 3개월의 훈련이 끝나자 나는 광복군 사령관 이청천과 함께 미군 비행기를 타고 서안으로 갔습니다. 미국의 작전부장 도노반 장군과 구체적인 방법을 의논하기 위해서였습니다.

의논 뒤, 양쪽 대표들은 비밀공작을 한다는 것을 문서로 정하고 각각 서명했습니다. 그러고 나자 도노반 장군이 일어나,

"오늘부터 미합중국과 대한민국 임시 정부는 함께 적 일본에 항거하는 비밀공작을 시작합니다."

라고 선언했습니다. 이때가 1945년 8월 7일이었습니다.

이튿날, 나는 미국 군관들의 요청으로 비밀 훈련장으로 갔습니다. 그동안 훈련받은 학생들의 훈련 모습을 지켜보았습니다. 함께 지켜보던 시험관이,

"나는 중국 학생 400명을 모아 훈련시켜 봤었소. 그런데 그들 모두가 해결하지 못한 문제를 오늘 한국 청년 일곱이 훌륭하게 해냈소. 한국 사람은 참으로 장래가 밝은 국민이오."

라며 우리나라 청년들을 크게 칭찬했습니다.

'그럼! 교육만 받으면 세계 어느 국민도 우릴 따를 자가 없지.'

나는 속으로 몇 번이나 고개를 끄덕였습니다.

다음에는 폭파술, 사격술, 비밀리에 강을 건너가는 재주 같은 것을 시험했습니다. 모두 좋은 성적을 얻는 것을 보고 나는 만족스런 얼굴로 두곡으로 돌아왔습니다.

22. 해방과 귀국

두곡에서 하룻밤을 묵고 다음 날에는 서안의 중국 친구들을 방문했습니다.

그런데 그 무렵 세계에는 커다란 변화가 일어나고 있었습니다. 8월 6일에 미군은 일본 히로시마에 원자 폭탄을 떨어뜨렸고, 8월 8일에는 일본과 싸움을 시작한 소련이 만주 방면으로 쳐들어왔습니다. 다시 8월 9일에는 미군이 나가사키에도 원자 폭탄을 떨어뜨렸습니다.

이러한 나라 밖 사정을 모르던 나는 서안에 머물면서 친구들을 찾아보기도 하고, 중국인들이 베푸는 환영회에 참석하기도 했습니다.

1945년 8월 15일 저녁, 축소주 주석 댁 만찬에 초대를 받아 갔습니다. 식사를 마치고 객실로 나와 수박을 먹으며 이야기를 나누는 중에 전화가 울렸습니다.

"중경에서 무슨 소식이 있는 듯합니다."

 축 주석은 놀란 듯 전화실로 걸어가며 말했습니다. 잠시 뒤에 그가 뛰어나오며 소리쳤습니다.
 "왜적이 항복한답니다!"
 "아! 왜적이 항복……."
 나도 모르게 신음이 터져 나왔습니다. 이 소식은 내게 기쁘기보다는 하늘이 무너지고 땅이 꺼지는 듯한 일이었습니다. 온갖 어려움을 견디며 수년간 애써서 참전 준비를 끝냈는데, 모든 게 허사가 되고 말았습니다. 미국 *육군성과 합작으로 세운 그 많은 계획을 한번 실시해 보

육군성 육군을 살피는 행정 기관.

지도 못하게 되었으니 지금까지 들인 정성이 아까웠습니다. 그러나 무엇보다 걱정인 것은 앞으로 다가올 일이었습니다. 이렇듯 이번 전쟁에서 우리가 한 일도 없이 일본이 항복했으니 장차 국제간의 발언권이 얼마나 약하게 될지 걱정스러웠습니다.

나는 더 있을 마음이 없어서 곧 축소주 댁에서 나왔습니다. 내 차가 큰길로 나왔을 때 거리는 벌써 사람들로 가득했고 만세 소리는 성을 뒤흔들 지경이었습니다.

서안에서 나를 위해 준비되고 있던 모든 환영회를 물리치고 즉시 두곡으로 돌아왔습니다. 와 보니 우리 광복군 역시 실망하여 침울한 분위기였습니다. 미국 군인들과 교관들만 기뻐서 이리 뛰고 저리 뛰며 야단이었습니다.

중경으로 와 보니 임시 정부에는 그 사이 의정원을 소집하여 국무원이 전부 사직을 한다느니, 임시 정부를 해산하고 본국으로 돌아가자느니 의견이 분분했습니다. 그러다 주석인 내가 돌아온다는 소식을 듣고 3일간 *휴회 중이었습니다.

"임시 정부 해산은 물론, 모두 사직하는 것도 안 될 말입니다. 우리가 서울로 들어가 전체 국민의 앞에 정부를 내어 바칠 때까지 지금 상태로 가는 것이 옳습니다."

회의가 시작되자 나는 이렇게 말했고, 모두들 내 의견에 찬성했습니다. 그러나 미국 측으로부터 서울에는 미국 군정부가 있으니 임시 정

휴회(休會) 하던 회의를 멈추고 잠깐 쉼.

부로는 입국을 허락할 수 없으니 개인 자격으로 오라는 통보가 왔습니다. 할 수 없이 우리는 개인 자격으로 고국에 돌아가기로 했습니다.

고국으로 돌아가기 전, 나는 남안 화상산에 있는 어머니 묘소와 아들 인이의 무덤을 찾아갔습니다. 준비한 꽃을 놓고 축문을 읽어 작별을 고한 뒤, 묘지기를 불러 돈을 후하게 주며 묘 관리를 부탁했습니다. 그리고 입국할 준비를 하면서, 가죽 상자 여덟 개를 사서 정부의 모든 문서를 쌌습니다. 중경에 사는 500여 명 동포의 선후 문제와 임시 정부가 본국으로 돌아간 뒤에 중국 정부와 연락하기 위해 주화대표단을 두어 박찬익을 단장으로 임명했습니다.

우리가 중경을 떠나게 되니 중국 공산당 본부에서는 주은래, 동필무 등이 임시 정부 국무원 전원을 청하여 송별연을 열었습니다. 또 중앙 정부와 국민당에서는 장개석 선생을 비롯해 200여 명이 모여 우리 임시 정부 국무 위원과 한국독립당 간부들을 초청해 *융숭한 송별연을 열어 주었습니다. 장개석 주석과 송미령 여사가 일어나,

"장래 중국과 한국 두 나라가 영원히 행복하게 되도록 합시다!"
라는 축사가 있었고, 우리 편에서도 답사가 있었습니다.

11월 5일, 우리 임시 정부 국무 위원과 직원들은 비행기 두 대에 나눠 타고 중경을 떠나 5시간 만에 상해의 땅을 밟았습니다. 그곳을 떠난 지 13년 만이었습니다. 비행기가 내린 홍구 공원에는 아침 6시부터 동포 6,000여 명이 나와서 우리가 오기를 기다리고 있었습니다.

융숭(隆崇)하다 대우하는 태도가 정중하고 극진하다.

"대한 독립 만세!"

"임시 정부 만세! 김구 주석 만세!"

만세 소리가 하늘을 찌르고 태극기의 물결은 땅을 뒤덮었습니다. 나는 단 위에 올라가 동포들에게 인사말을 한 다음, 법조계 공동묘지에 있는 아내의 무덤을 찾았습니다. 상해에서 10여 일을 묵은 뒤, 미국 비행기로 본국을 향해 출발했습니다.

비행기가 황해를 가로질러 가는 동안 누구도 말이 없었습니다. 아

니, 누구도 말을 할 수가 없었습니다. 고향 땅을 밟을 수 있다는 기쁨과 설렘, 또 장차 이 나라가 어찌 될까 하는 걱정이 뒤엉켰던 것입니다. 세 시간쯤 지나자 비행기 밖으로 꿈에도 그리던 고국 땅이 보이기 시작했습니다.

"동해물과 백두산이 마르고 닳도록……."

여기저기서 시작된 애국가는 어느새 합창이 되어 비행기 안에 울려 퍼졌습니다. 차츰 노랫소리는 울음이 되고 흐느낌이 되어 갔습니다.

비행기는 여의도 공항에 착륙했습니다. 드디어 그토록 그리던 고국 땅을 밟는 것입니다. 고국을 떠난 지 27년 만이요, 내 나이 70세였습니다.

늙은 몸을 자동차에 의지하고 서울에 들어오니, 옛날과 다름없는 산천이 나를 반갑게 맞았습니다. 그러나 차창으로 내다보이는 집들을 보니 가슴이 아렸습니다. 땅에 착 달라붙은 채 빈틈없이 이어진 집들은 동포들의 생활이 얼마나 어려운지 한눈에 보이는 듯했기 때문입니다.

우리를 환영하는 유지들은 내 숙소를 *새문 밖 경교장으로, 국무원 일행은 한미 호텔에 머물도록 미리 준비해 두었습니다.

서울에 도착한 즉시 나는 이봉창·윤봉길·김주경의 유가족이 있으면 찾아오라고 신문에 냈습니다. 윤봉길 의사의 자제, 이봉창 의사의 질녀가 찾아왔습니다. 김주경 선생의 아들 윤태는 이북에 있는 관계로 오지 못하고, 그 친딸과 친척 등이 찾아와 기쁘고도 슬픈 마음으로 그들을 만났습니다.

우리는 개인 자격으로 들어왔건만 군정청에 소속한 각 기관과 정당, 사회단체, 교육계, 공장 등 각계가 빠짐없이 연합 환영회를 조직하여 '임시 정부 환영'이라고 크게 쓴 글씨를 태극기와 함께 휘날리며 행진했습니다. 행진을 마친 뒤 덕수궁에서 연회가 열렸는데, 미군정 간부들까지 참석해 덕수궁 뜰이 좁을 지경이었으니 참으로 찬란하고 성대한 환영회였습니다. 서울뿐 아니라 인천, 개성 각 지방에서도 임시 정

새문 '돈의문'의 다른 이름. 숭례문, 흥인문 따위보다 늦게 새로 지었다는 뜻으로 이렇게 이른다. 돈의문(敦義門)은 서울 서쪽의 정문. 지금의 신문로 언덕에 있었으나 1915년에 헐었다.

부 환영회를 일제히 거행했습니다.

　나는 일본 동경에 있는 박열 동지에게 부탁하여 윤봉길, 이봉창, 백정기 세 분 열사의 유골을 본국으로 모셔 왔습니다. 동포들이 편안하게 참배할 수 있도록 유골을 담은 영구를 *태고사에 모셨다가 내가 직접 잡아 놓은 효창 공원 안에 모시기로 했습니다.

　약속된 날, 동포들이 구름같이 모여들어 태고사부터 효창 공원까지 사람 물결이 바다를 이루었습니다. 맨 앞에는 애도하는 슬픈 곡을 연주하는 음악대가 서고, 다음에는 화환대와 만장대가 따르고, 세 분 의사의 상여는 여학생대가 모시니 옛날 고종의 국장보다 더 성대한 장례였습니다.

　그 뒤 잠시 쉬는 시간을 이용해 개성 근처에 있는 효자 이창매의 무덤을 찾아갔습니다. 해주 감옥에서 인천 감옥으로 끌려가던 길에 이 묘비 앞에 쉬었었습니다. 49년 전 그날을 생각하면서 묘전에 절하고, 그날 어머니가 앉으셨던 자리를 눈어림으로 찾아 그 위에 내 몸을 던졌습니다. 그러나 그 옛날 나를 따라오시던 어머님 얼굴만은 뵈올 길이 없으니 앞이 캄캄했습니다. 중경서 운명하실 때에,

"내 원통한 생각을 어찌하면 좋으냐."

하시던 마지막 말씀이 떠올랐습니다.

　독립의 목적을 달성하고 모자가 고국에 돌아가 함께 지난 일을 이야기하지 못함이 그리도 원통하셨던 게 아닐까? 그런데 저 멀고 먼 서쪽

태고사　'조계사'의 전 이름.

화상산 한 모퉁이에 손자와 같이 누워 계신 것을 생각하니 슬픔을 금할 수가 없었습니다. 혼이라도 고국에 돌아와 내가 동포들에게 받는 환영을 보시기만 하여도 어머니의 마음에 조금은 위안이 되지 않으셨을까?

다행히 그 이듬해인 1947년에 나는 아들 신이를 중국에 보내 이동녕 등 동지와 어머니, 아내 그리고 중경에서 병으로 죽어 묻힌 맏아들 인이의 유해를 고국으로 모셔 왔습니다.

23. 아! 스러진 민족혼

이 무렵 나라 안 사정은 매우 어지러웠습니다. 국토에 38선을 그어 북쪽은 소련군이, 남쪽은 미군이 주둔해서 군정을 폈습니다. 게다가 1945년 12월, 모스크바에서 열린 미·영·소 세 나라의 외무 장관 회의에서 앞으로 5년 동안 한국을 자기들이 맡아 다스린다는 신탁 통치안이 결정되었습니다.

나는 즉시 이 결정에 반대하여 신탁통치반대국민총동원위원회를 조직했습니다. 이 위원회에서는 전 국민이 일손을 놓고 시위에 들어가기로 했습니다. 9개조 행동 강령 중에는 '임시 정부의 절대 수호'와 '외국 군정 철폐 요구'가 들어 있었습니다. 미국과 소련의 군대가 이 땅에 주둔해 있는 한, 국민 사이의 분열은 더욱 심해질 것이기 때문이었습니다. 그러자 미군정은 *반탁 시위를 방해하며 온갖 협박으로 시위를 막았습니다.

반탁(反託) 신탁 통치를 반대함.

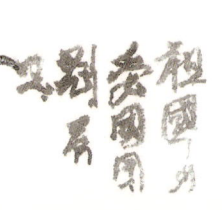

그러던 중 미국과 소련은 서울에서 회의를 열고 통일 정부를 세울 것인지, 공산주의 나라 혹은 민주주의 나라를 세울 것인지를 의논했습니다. 그러나 미국과 소련은 각자 자기들의 뜻에 맞는 나라를 세우려 했기 때문에 회의는 흐지부지 끝나고 말았습니다.

"이러다 38선이 영원히 이 땅을 갈라놓는 기 아냐?"

국민들은 불안해했습니다.

"안 되겠소. 우리 남한만이라도 독립을 해야지."

남쪽 지도자들 중에는 하나 둘 이런 주장하는 사람이 생겨났습니다. 게다가 미국으로 건너간 이승만은 세력 있는 사람들에게 남한만의 단독 정부를 세워야 한다며 그 이유를 설명하고 다녔습니다. 국내에서도 벼슬을 탐내는 무리들이 단독 정부 수립을 밀고 나갔고, 때맞춰 미국은 유엔을 조종해서 남한에서만 단독 정부를 세운다는 허락을 받아 냈습니다. 그러자 미국에서 돌아온 이승만과 그를 따르는 무리들은 재빨리 남한에 단독 정부를 세우기 위한 선거 준비를 하나하나 해 나갔습니다.

"단독 정부라니! 그건 말도 안 되는 소리요! 우리는 한민족입니다. 통일된 정부만이 우리 민족이 나아갈 길입니다. 지금 남한만 독립한다면 영원히 두 동강이 나고 말 것이오. 그리되면 겨레는 서로 피를 흘리게 됩니다!"

나는 그들을 향해 단호하게 외쳤습니다. 먹고 자는 일도 잊은 채 국내 인사들을 만나 설득하고 호소했습니다. 한편, 유엔한국임시위원단에 보내는 의견서를 제출하여 통일된 완전한 자주 정부를 세울 것, 남북 지도자가 회의를 열 것 등을 요구했습니다.

그러나 남쪽에 있는 대부분의 지도자들은 단독 정부라도 세우고 보자는 쪽으로 기울었습니다. 나는 외로운 싸움을 하지 않으면 안 되었습니다. 상해 임시 정부 때부터의 동지인 김규식, 조소앙 같은 이들이 나와 뜻을 같이해서 단독 정부를 세우는 일에 반대한 것이 그나마 힘이 되었습니다.

1948년부터 나는 적극적으로 남북 협상을 위해 노력했습니다. 미·소 양군 철수를 남북 협상과 남북 총선의 조건으로 내세우며 자주적 입장을 보다 분명히 했습니다. 그래서 김규식과 공동 이름으로 남북 협상을 제안하는 편지를 김일성과 김두봉에게 보냈습니다. 북한에서는 방송과 편지를 통해 나와 김규식 등 단독 정부 수립에 반대하는 지도자를 초청했습니다.

"가야 합니다. 통일을 위해서라면 공산주의자가 아니라 그 누구와도 만나 얘기해야지요."

이러한 내 말에 김규식과 조소앙도 찬성해서 함께 가기로 했습니다.

1948년 4월, 평양에 도착해서 김두봉의 안내로 김일성을 만났습니다.

"아무리 어렵고 힘들더라도 북한의 지도자와 남한의 지도자가 만나

　서로 마음을 터놓고 얘기해서 통일 정부를 세워야 합니다. 그러지 않고 조국과 민족을 둘로 갈라놓는다면 역사 앞에 영원한 죄인이 될 것입니다."
　나는 남북지도자연석회의에서 이같이 말했습니다. 그러나 그 자리에서 나는 북한 지도자들 역시 통일 정부를 세우려는 생각이 없다는 걸 알았습니다. 하지만 통일 정부를 세워야 하는 이유를 계속 얘기했습니다.

이 남북 협상에서 실제로 얻은 것은 없었습니다. 그러나 통일을 위해서 공산주의자들과 마주 앉아 얘기할 수 있는 분위기가 이루어졌다는 것만도 큰 수확이었습니다.

그해 5월 10일, 결국 남한만의 총선거가 이뤄져 국회의원을 뽑았습니다. 7월 17일에는 국회에서 대통령 중심제의 헌법이 공포되었고, 다시 7월 20일에 실시된 선거에서 이승만이 대통령에 당선되었습니다. 이제 조국 통일의 길은 더욱 멀어진 셈입니다. 하지만 나는 포기하지 않았습니다. 한쪽에서는 독립된 정부를 가지게 되었다고 기뻐할 때 나는 외롭게 통일을 위한 작업을 계속해 나갔습니다. 김규식과 힘을 합쳐 통일독립촉성회를 만드는 등 통일 정부를 세우기 위한 많은 노력에도 불구하고 사정은 더욱 나쁘게 돌아갔습니다.

1948년 8월 15일, 기어이 남한에 '대한민국'이 선포되었습니다. 그러자 9월 9일 북한에서도 '조선민주주의인민공화국'을 선포했습니다. 결국 국토는 완전히 둘로 갈리고 말았습니다. 그래도 나는 절망하지 않았습니다. 그렇기 때문에,

"해가 바뀌고 또 바뀌어도 삼천만의 가장 큰 염원은 오직 조국의 자주적, 민주적 통일뿐입니다. 지나간 1년을 뒤돌아보면서 서글픔이 있다면 이 염원이 이루어지지 않았다는 일뿐이요, 오는 1년에 새 희망을 붙인다면 이 염원을 이룩하는 일뿐입니다."

라고 다음 해 새해 인사에서 나는 이같이 말했습니다. 그리고 인재 양

성을 위해 백범학원, 창암학원을 세우기도 하면서 민주적 원칙하에 조국의 완전 독립을 *쟁취하자는 주장을 굽히지 않았습니다. 그러자 나와 뜻을 달리 하는 이들은 기회만 있으면 나를 *모략하려 들었습니다. 그 때문에 분노와 함께 슬픈 마음을 누를 길이 없었습니다.

1949년 6월 26일 일요일이었습니다.

나는 주일 예배에 나갈 예정이었으나 마침 차가 나가고 없어 2층 거실에서 책을 읽고 있었습니다.

11시 30분쯤, 전에 몇 번 찾아온 일이 있는 포병 소위 안두희가 면회를 요청했습니다. 그가 비서의 안내를 받아 거실로 들어설 때, 나는 탁자에 앉아 붓글씨를 쓰고 있었습니다.

안두희는 얘기를 나누던 중 갑자기 가슴에서 총을 꺼내 나를 향해 네 발의 총을 쐈습니다. 이국땅에서 27년간을 떠돌며 오직 조국의 완전한 독립을 위해 노력해 왔건만, 그 꿈을 이루지 못한 채 나는 동포의 손에 천천히 눈을 감았습니다. 내 나이 일흔넷이었습니다.

7월 5일, 내 장례는 국민장으로 거행되었습니다. 임시 공휴일로 선포된 이날은 집집마다 조기가 드리워졌습니다. 그런 가운데 내 유해는 귀국 뒤 줄곧 살던 종로 경교장을 떠나 영결식장인 서울 운동장(지금은 철거된 동대문 운동장의 전 이름)으로 향했습니다. 영구 행렬이 지나가는 길목마다 통곡하는 사람들이 바다를 이루었습니다. 그렇듯 온 국민이 땅을 치며 통곡하는 가운데 나는 효창 공원에 묻혔습니다.

쟁취(爭取) 겨루어 싸워서 얻음.
모략(謀略) 사실을 왜곡하거나 속임수를 써 남을 해롭게 함. 또는 그런 일.

그 뒤 1962년 3월 1일에 대한민국 건국공로훈장 중장에 추서되고, 1969년 8월 23일에는 남산에 내 동상이 세워졌습니다.

에필로그

내가 원하는 우리나라

나는 우리나라가 세계에서 가장 아름다운 나라가 되기를 원합니다. 가장 부강한 나라가 되기를 원하는 것은 아닙니다. 내가 남의 침략에 가슴 아팠으니, 내 나라가 남을 침략하는 것을 원치 않습니다. 우리의 부력(경제력)은 우리의 생활을 풍족히 할 만하고, 우리의 강력(군사력)은 남의 침략을 막을 만하면 족합니다. 오직 한없이 가지고 싶은 것은 높은 문화의 힘입니다. 문화의 힘은 우리 자신을 행복하게 하고 나아가서 남에게 행복을 주기 때문입니다.

지금 인류에게 부족한 것은 무력도 아니요, 경제력도 아닙니다. 자연 과학의 힘은 아무리 많아도 좋으나 인류 전체로 보면 현재의 자연 과학만 가지고도 편안히 살아가기에 넉넉합니다. 인류가 현재 불행한

근본 이유는 인의(人義)가 부족하고 자비가 부족하고 사랑이 부족하기 때문입니다. 이 세 가지만 넉넉해지면 전 세계 20억이 다 편안히 살아갈 수 있을 것입니다. 이런 정신을 기르게 하는 것은 오직 문화입니다.

나는 우리나라가 남의 것을 모방하는 나라가 되지 말고, 이러한 높고 새로운 문화의 근원이 되고 목표가 되고 모범이 되기를 원합니다. 그래서 진정한 세계의 평화가 우리나라에서, 우리나라로 말미암아서 세계에 실현되기를 원합니다. 홍익인간이라는 우리 국조 단군의 이상이 바로 이것이라고 믿습니다. 또 우리 민족의 재주와 정신, 과거의 단련이 이 사명을 달성하기에 충분하고, 우리 국토의 위치와 지리적 조건이 그러하며, 또 1차·2차 세계 대전을 치른 인류의 요구가 그러하며, 이러한 시대에 새로 나라를 고쳐 세우는 우리의 시기가 그러하다고 믿습니다. 우리 민족이 주연 배우로 세계의 무대에 등장할 날이 눈앞에 보이지 않습니까? 이 일을 하기 위해 우리가 할 일은 사상의 자유를 확보하는 정치 양식의 건립과 국민 교육의 완비입니다. 내가 위에서 자유의 나라를 강조하고 교육의 중요성을 말한 것은 이 때문입니다.

대한 사람이라면 간 데마다 신용을 받고 대접을 받아야 합니다. 우리의 적이 우리를 누르고 있을 때에는 미워하고 분해하는 살벌·투쟁의 정신을 길렀지만, 적이 물러갔으니 우리는 증오의 투쟁을 버리고 화합을 할 때입니다. 집안이 화합하지 못하면 망하고, 나라 안이 갈라져 싸우면 망합니다. 동포 간의 증오와 투쟁은 망조입니다. 우리의 용모에서는 화기(和氣, 따스하고 화창한 기운)가 빛나야 합니다. 우리 국토 안에는 언제나 화창한 봄기운이 가득해야 합니다. 이것은 우리 국민 각자가 한번 마음을 고쳐먹음으로 되고 그러한 정신의 교육으로 영원히 지속될 것입니다.

최고 문화로 인류의 모범이 되기를 사명으로 삼는 우리 민족의 각 개인은 이기적 개인주의자여서는 안 됩니다. 우리는 개인의 자유를 최대한 누리되 그것은 저 짐승들과 같이 저마다 제 배를 채우기에 쓰는 자유가 아니요, 제 가족을, 제 이웃을, 제 국민을 잘살게 하기에 쓰이는 자유입니다. 공원의 꽃을 꺾는 자유가 아니라 공원의 꽃을 심는 자유입니다.

우리는 남의 것을 빼앗거나 남의 덕을 입으려는 사람이 아니라 가족에게, 이웃에게, 동포에게 주는 것으로 낙을 삼는 사람입니다. 우리말로 이른바 선비요, 점잖은 사람입니다. 그러므로 우리는 부지런합니다. 사랑하는 처자를 가진 가장은 부지런할 수밖에 없습니다. 한없이 주기 위함입니다. 힘든 일은 내가 앞서 하니 사랑하는 동포를 아낌이요, 즐거운 것은 남에게 권하니 사랑하는 자를 위하기 때문입니다. 이것이 우리 조상들이 좋아하던 인후지덕(仁厚之德, 어질고 후덕함을 덕으로 삼다)이란 것입니다.

이렇게 함으로써 우리나라의 산에는 삼림이 무성하고, 들에는 오곡백과가 풍성하며, 촌락과 도시는 깨끗하고 풍성하고 화평할 것입니다. 그리하여 우리 동포, 즉 대한 사람은 남자나 여자나 얼굴에는 항상 화기가 있고 몸에서는 덕의 향기를 풍길 것입니다. 이러한 나라는 불행하려 해도 불행할 수 없고, 망하려 해도 망할 수 없습니다.

민족의 행복은 결코 계급 투쟁에서 오는 것도 아니요, 개인의 행복이 이기심에서 오는 것이 아닙니다. 계급 투쟁은 끝없는 계급 투쟁을 낳아서 국토에 피가 마를 날이 없고, 내가 이기심으로 남을 해치면 천하가 이기심으로 나를 해칠 것이니, 이것은 조금 얻고 많이 빼앗기는 법입니다. 이번에 일본이 당한 보복은 국제적, 민족적으로도 그러함을 증명하는 가장 좋은 실례입니다.

이상에서 말한 것은 내가 바라는 새 나라의 한 모습이니, 동포 여러분! 이러한 나라가 되면 얼마나 좋겠습니까. 우리네 자손을 이러한 나라에 남기고 가면 얼마나 만족스럽겠습니까. 옛날 한토(漢土, 중국 땅)의 기자가 우리나라를 사모하여 왔고, 공자께서도 우리 민족이 사는 곳으로 오고 싶다고 하였으며, 우리 민족은 인을 좋아하는 민족이라 하였으니, 옛날에도 그러하였거니와 앞으로는 세계 인류가 모두 우리 민족의 문화를 이렇게 사모하도록 하지 아니하렵니까.

나는 우리의 힘으로, 특히 교육의 힘으로 반드시 이 일이 이루어질 것을 믿습니다. 나도 일찍 황해도에서 교육에 종사하였고, 내가 교육에서 바라던 것이 바로 이것이었습니다. 내 나이 이제 칠십이 넘었으니 몸소 국민 교육에 종사할 시일이 넉넉지 못하니 나는 천하의 교육자와 남녀 학도들이 한번 크게 마음을 고쳐먹기를 빌지 않을 수 없습니다.

1947년
새문 밖에서